O INFANTIL NA PSICANÁLISE

CONSELHO EDITORIAL

André Costa e Silva

Cecilia Consolo

Dijon de Moraes

Jarbas Vargas Nascimento

Luis Barbosa Cortez

Marco Aurélio Cremasco

Rogerio Lerner

Blucher

O INFANTIL NA PSICANÁLISE

Memória e temporalidades

Bernardo Tanis

2ª edição

O infantil na psicanálise: memória e temporalidades, 2 ed.
© 1995 Bernardo Tanis
© 2021 Editora Edgard Blücher Ltda.

Publisher Edgard Blücher
Editor Eduardo Blücher
Coordenação editorial Jonatas Eliakim
Produção editorial Lidiane Gonçalves
Preparação de texto Daniela Barbosa
Diagramação Negrito Produção Editorial
Revisão de texto Maurício Katayama
Imagem da capa iStockphoto

Blucher

Rua Pedroso Alvarenga, 1245, 4º andar
04531-934 – São Paulo – SP – Brasil
Tel.: 55 11 3078-5366
contato@blucher.com.br
www.blucher.com.br

Segundo o Novo Acordo Ortográfico, conforme 5. ed. do *Vocabulário Ortográfico da Língua Portuguesa*, Academia Brasileira de Letras, março de 2009.

É proibida a reprodução total ou parcial por quaisquer meios sem autorização escrita da editora.

Todos os direitos reservados pela Editora Edgard Blücher Ltda.

Dados Internacionais de Catalogação na Publicação (CIP)
Angélica Ilacqua CRB-8/7057

Tanis, Bernardo
    O infantil na psicanálise: memória e temporalidades / Bernardo Tanis. – 2. ed. – São Paulo: Blucher, 2021.
    228 p.

    Bibliografia
    ISBN 978-65-5506-262-5 (impresso)
    ISBN 978-65-5506-263-2 (eletrônico)

    1. Psicanálise. 2. Memória. 3. Comportamento infantil (Psicanálise). 4. Tempo – Aspectos psicológicos. I. Título

21-0894   CDD 150.195

Índices para catálogo sistemático:
1. Psicanálise

A meus pais, pela origem.
A Maíra, por um presente sempre renovado.
A Daniel e Ana, pelo desafio.

Marco Polo descreve uma ponte, pedra por pedra.

– Mas qual é a pedra que sustenta a ponte? Pergunta Kublai Khan.

– A ponte não é sustentada por esta ou aquela pedra – responde Marco – mas pela curva do arco que elas formam.

Kublai Khan permanece em silêncio, refletindo. Depois acrescenta:

– Por que falar das pedras? Só o arco me interessa.

Polo responde:

– Sem pedras o arco não existe.

(Ítalo Calvino, *As Cidades Invisíveis*.)

Conteúdo

Prefácio à segunda edição … 11
Apresentação … 15
Introdução: O infantil para além da infância … 19
1. Carlos, uma árvore sem vida? … 39
2. A história dos primórdios … 49
3. O reino do imaginário … 79
4. Da repetição à simbolização … 115
5. Religando: tempo e memória … 141
6. Do modelo da construção à construção de modelos … 157
Conclusão … 181
Posfácio: O infantil à flor da pele … 187
Referências … 219
Sobre o autor … 227

Prefácio à segunda edição

Por que publicar um livro depois de mais de 20 anos de sua primeira edição? A resposta que de imediato me vem à cabeça e que motivou a decisão é sua vigência clínico-teórica no cenário psicanalítico atual. E isso não se deve aos modismos que ocorrem em nosso campo, uma vez que o tema abordado é passagem obrigatória para aqueles que aspiram transitar pela psicanálise sem desconsiderar a matriz freudiana fundadora do nosso campo. A partir dessa perspectiva, a noção de infantil irredutível à infância ou ao infantilismo comportamental emerge como conceito de enlace entre a clínica e a teoria, como fonte das nossas emoções e desejos.

Os múltiplos registros da memória, das formas mais estruturadas até a dimensão traumática não representada, têm lugar na perspectiva freudiana do infantil, assim como as diversas temporalidades nas quais habitamos: tempos cronológicos, tempos descontínuos, a temporalidade expressa por Aion, tempo do instante, do acontecimento, sem inscrição anterior que se abre ao infinito, e o Kairos, tempo das decisões, momento certo, oportuno, assim como a vigência atemporal do inconsciente e a ressignificação promovida pelo tempo do *après-coup*.

O infantil não é um conceito que diz respeito apenas àqueles que se ocupam com o trabalho clínico com crianças, ele é o núcleo da nossa subjetividade, fonte de angústia, mas também manancial criativo. Guarda as marcas das vivências cujos registros não estão ao alcance da consciência, mas permanecem vivos e atuantes em nosso ser.

Uma noção tão rica como a do infantil não se mantém imutável no campo psicanalítico, ela foi enriquecida a partir da experiência clínica e da elaboração teórica de diferentes psicanalistas pós-freudianos muitos abordados nos textos de Ferenczi, Klein, Bion, Winnicott, Lacan, Laplanche, Green e tantos outros. Seria de muito difícil execução reescrever este livro, que tem uma unidade e um fio que alinhava os diferentes capítulos, assim optei por publicá-lo em sua versão original. O formato do livro oferece uma ampla indagação e pesquisa sobre o tema.

Decidi acrescentar ao texto original um posfácio: *O infantil à flor da pele*. Desse modo, acredito que atualizo e continuo ampliando a inesgotável espiral em torno do tema a partir de reflexões atuais presentes no campo.

Ao pensar o Infantil e suas múltiplas dimensões, podemos fazer uma analogia entre o futuro da nossa disciplina e o infantil: temos que trabalhar não apenas seu aspecto regressivo, mas o potencial criativo contido na transformação em relação às marcas deixadas pelo passado, que liberam o potencial pulsional para novos laços, um *Eros* em busca de novos vínculos – ou estaremos fadados apenas aos traumas ou às glórias do passado.

Agradeço a Editora Blucher por esta parceria.

Desejo aos leitores uma interessante e fecunda leitura.

Bernardo Tanis

Apresentação

Este trabalho é fruto de uma pesquisa sobre a posição do infantil na psicanálise. Parte da hipótese a ser investigada de que o infantil está situado na psicanálise numa posição privilegiada, não apenas por sua implicação na constituição do sujeito, mas por ser também constituinte do próprio modo de funcionamento do inconsciente. Ordena, assim, a prática clínica.

Estou ciente de que esta tarefa é ampla. São várias as questões em torno das quais a problemática do infantil torna-se opaca.

Em primeiro lugar, coloca-se a relação desse infantil com a realidade, antigo problema para a psicanálise. Está em jogo a diferenciação entre o vivido e aquilo que se inscreve no psiquismo, entre a infância e sua interiorização. Isso nos remete às primeiras noções de Freud sobre o trauma e a memória, bem como à própria conceituação da realidade psíquica.

A questão da temporalidade também se encontra, a meu ver, imbricada com a problemática do infantil. Dada a temporalidade do funcionamento inconsciente, como devemos situá-la ante a questão da constituição do sujeito, ou, em outras palavras, ante o fato de que as diferentes instâncias do aparelho psíquico não são dadas *a priori*, mas construídas? Trata-se aqui de desenvolvimento, ideia tão criticada por alguns psicanalistas, ou de algum outro processo de construção, cuja montagem precisaria ser elucidada? Sabemos que essa temporalidade obedece a um duplo modo de funcionamento: progressivo e regressivo.

Diferencio o infantil tanto de um infantilismo comportamental como de uma puerilidade. Quando falamos do infantil no adulto, a que estamos nos referindo? A padrões de comportamento, mecanismos de defesa, fases de desenvolvimento não superadas, fixação da pulsão, todos esses elementos adquirindo uma configuração estruturante a partir do *Édipo* etc.? Pareceria que estamos abordando alguma coisa muito conhecida, familiar até demais, a ponto de suscitar um certo desconforto termos que circunscrever tantas noções. Mas trata-se de elucidar as relações entre o infantil e o modo de funcionamento do aparelho psíquico.

Por último, mas fonte principal das indagações, temos a clínica. Da rememoração à repetição, o processo analítico mudou sua face. E continua a mudar: novas patologias são abordadas, como as estruturas narcísicas, as psicoses. Qual é o lugar reservado ao infantil no processo analítico? As construções-reconstruções testemunham um passado remoto, refletem uma necessidade de encontrar redes que possam amarrar o presente a uma continuidade histórica. Em suma, a noção de infantil com a qual o analista opera possui um significado heurístico clinicamente tangível? Ou não passa de uma necessidade do analista, um modelo teórico-metapsicológico sem o qual ele não se poderia aventurar no desaventurado mundo da loucura e do sofrimento humano, sem algum tipo de proteção que esse recurso lhe ofereceria? Seria nesse sentido o infantil tão somente um código de leitura das paixões da alma humana?

Bem sabemos que essas questões dizem respeito a praticamente todo o corpo teórico da psicanálise, e não é meu objetivo fazer uma revisão que levaria toda uma vida. Minha proposta, modesta, fará inevitáveis recortes. Muitos dos temas que abordaremos serão mais objeto de enumeração do que de uma análise exaustiva. Outros, no entanto, merecerão um maior cuidado na análise. Nesses casos, não atribuirei maior ou menor importância a determinados conceitos, mas obedecerei a um critério focal. Isto é, conceder maior extensão aos conceitos que me parecerem, no presente momento, mais vinculados com a questão a ser circunscrita, a do infantil.

Dada a complexidade da temática e sua amplidão, privilegiei como interlocução principal a obra de Freud, pois, sem dúvida, nela estão os alicerces básicos do pensamento psicanalítico.

Utilizo a obra de Laplanche como referência por ser um dos comentadores mais profundos de Freud. Recorro também ao instigante e vasto trabalho de Maurice Dayan, *Realidade e Inconsciente*, no qual reconheço muitas das minhas próprias inquietações. Outros autores pós-freudianos eventualmente serão citados, no entanto, não é minha intenção realizar um estudo comparando a posição do infantil nos diferentes modelos metapsicológicos (Freud, Klein, Winnicott, Bion, Lacan, para citar os mais significativos). Procuro dentro do modelo freudiano traçar algumas perspectivas sobre o infantil e sua relevância para a recuperação de uma perspectiva histórica na psicanálise, deixando para futuros empreendimentos aprofundar a natureza das concepções sobre o infantil em outros autores.

Este trabalho foi originalmente apresentado como dissertação de Mestrado no programa de Pós-Graduação de Psicologia Clínica da PUC-SP.

Encontram-se aqui relatos clínicos. Esses historiais foram transformados a ponto de dificultar qualquer identificação.

O material clínico, como apresentado, ilustra processos psíquicos na sua universalidade, nos quais muitos puderam se reconhecer. Nesse sentido, podem ser encarados como material de ficção, nos quais muitas vezes vemos retratados nossos comportamentos e emoções.

Para finalizar, gostaria de agradecer a todos aqueles que direta ou indiretamente contribuíram para que este trabalho se concretizasse: familiares, amigos, professores, colegas e alunos. O estímulo e o apoio recebidos por todos foram fundamentais para este empreendimento.

Agradeço especialmente ao Prof. Dr. Renato Mezan, amigo e orientador, cujo apoio, confiança e dedicação tornaram a experiência da escrita uma parceria edificante e prazerosa.

Aos membros das Bancas de Qualificação e Examinadoras Drs. Luis Claudio Figueiredo, Gilberto Safra, Fabio Antônio Herrmann e Joel Birman, que ao longo dos anos se tornaram amigos e importantes interlocutores.

A Maíra Firer Tanis, companheira sempre presente, coautora do romance de nossas vidas do qual este trabalho é só um capítulo.

A Myrna Favilli, pela companhia num processo indispensável.

Aos meus pacientes, com os quais aprendo dia a dia a dura batalha de enfrentar os "demônios da alma".

A todos, muito obrigado!

Bernardo Tanis

Introdução
O infantil para além da infância

A Psicanálise construiu seus próprios parâmetros para dar conta das vicissitudes da experiência psíquica. O modelo metapsicológico[1] freudiano nos fala de três registros: tópico, dinâmico e econômico. Alguns analistas propuseram introduzir um quarto registro, o genético.[2] Ponto bastante controvertido, mas que não deixa de ser interessante, na medida em que introduz a dimensão temporal na constituição do sujeito (é claro que esta dimensão temporal deverá ser compreendida na sua complexidade, um dos eixos deste trabalho). Nas últimas décadas, tem sido enfatizada a dimensão

---

1 Assim a definem Laplanche & Pontalis (1977, p. 361): "Termo criado por Freud para designar a psicologia por ele fundada, considerada na sua dimensão mais teórica. A metapsicologia elabora um conjunto de modelos conceituais mais ou menos distante da experiência, tais como a ficção de um aparelho psíquico dividido em instâncias, a teoria das pulsões, o processo do recalcamento etc.".
2 Sobre a gênese e desenvolvimento das estruturas intrapsíquicas e a polêmica que estas posições suscitam no movimento psicanalítico, consultar, por exemplo, Lebovici (1987, cap. 2). O autor rastreia uma série de autores que se ocupam dessa temática. Teremos oportunidade de retomar esse assunto em diferentes momentos da nossa pesquisa.

sincrônica, tanto na linguística como na antropologia e, por influência delas, também em outros discursos sobre o acontecer cultural. Pareceria que a dimensão diacrônica, histórica, tivesse sido relegada a um segundo plano.

Mas não se trata só disso: a própria questão das origens passou a ser tratada como mítico-fantasmática, de modo que qualquer interrogação nesse campo passou a ser considerada como uma tentativa positivista e ingênua de encontrar as "causas materiais" para os fenômenos psíquicos. Estamos num contexto cada vez mais dominado ou pelo transbordamento dos afetos transferenciais ou por um a-historicismo do sujeito. Isso tem conduzido muitos analistas, de escolas diferentes, a sustentar a tese segundo a qual o presente da sessão só remeteria a si mesmo, o inconsciente só teria sentido na medida em que é construído no contexto da sessão fora da qual sua realidade seria meramente virtual. Parece que essas teses, ao se oporem a uma concepção simplista e realística do inconsciente, acabam se colocando num outro extremo. Entre a reconstrução de fantasias arcaicas, dadas desde a origem, ou o posicionamento do sujeito numa estrutura *a priori* que o determina acabam surgindo posturas como a de Schafer:[3] "Chegou a hora de deixarmos de usar a linguagem físico-química e biológica da metapsicologia freudiana". Esse autor nos propõe desconsiderar a importância da existência de um modelo metapsicológico.

Podemos pensar que essas tendências, que, por um lado, apontam para uma dimensão a-histórica da fantasia inconsciente e, por outro, questionam o modelo metapsicológico freudiano,

---

3 Schafer, R. (1975). Psychoanalysis without psychodynamics. *The International Journal of Psycho-Analysis*, Londres, 56, 41. Neste texto, o autor sustenta a posição de que a linguagem metapsicológica freudiana poderia ser substituída por uma linguagem da ação, baseada numa teoria comunicacional, sem alterar os objetivos e princípios da Psicanálise.

obedecem a interrogações que a própria obra freudiana deixara em aberto. Não é minha intenção neste trabalho advogar em defesa da obra freudiana ou em favor de não sei bem que ortodoxia. O que se coloca em questão aqui é que muitos dos modelos metapsicológicos pós-freudianos, ao mesmo tempo que iluminaram novos territórios da subjetividade humana, criaram sistemas fechados de teorização que acabam reduzindo a condição histórica do sujeito. Muitas das ideias apresentadas como renovadoras e revisionistas das hipóteses freudianas estão próximas de algumas que o próprio Freud, na sua época, tentara refutar. Parece que, após tantos anos de cultura psicanalítica, nos encontramos às voltas com antigas questões. Muitas vezes substitui-se um reducionismo biologizante por outro que acaba desempenhando função semelhante. A materialidade do inconsciente, a dimensão histórica no contexto da situação analítica, o modelo metapsicológico que usamos para tornar mais inteligível à nossa consciência aquilo que não obedecer às regras da racionalidade são questões muito complexas que determinam em grande parte a relação com a clínica.

Freud foi um homem do seu tempo, cujas descobertas ultrapassaram as condições histórico-culturais nas que foram produzidas. Isso é inegável e não sem consequências. Suas teorias utilizam muitos recursos de linguagem e noções das ciências existentes na sua época.[4] Mas sabemos que os recursos que ele utilizou, por mais bizarros que possam parecer a nossos ouvidos sofisticados de fim de milênio, tiveram a capacidade de nomear fenômenos até então incompreensíveis e impenetráveis da alma humana. Freud foi original. Nietzsche assim fala em *O alegre saber*:

---

4 Uma análise detalhada e fecunda destas relações encontra-se em Assoun (1983). Aqui o autor tenta mostrar como na sombra dos saberes do seu tempo nasce o inédito do inconsciente. O autor também se preocupou com as tentativas reducionistas que visam privilegiar em Freud a dimensão do método, excluindo a dimensão energética de sua teorização.

O que é a originalidade? É ver alguma coisa que ainda não tem nome, que ainda não pode ser chamada, embora esteja sob o olhar de todos. Assim são os homens, habitualmente, de tal forma que lhes é necessário, antes de tudo, um nome para que alguma coisa lhes seja visível. Originais, geralmente, foram aqueles que deram nome às coisas.[5]

Se criar é um ato de linguagem (e disto o Gênesis dá testemunho), renomear não é garantia de criatividade. A feiticeira,[6] como Freud chamava a metapsicologia, possui um valor heurístico, sem ela, diz Freud, não avançaríamos nem um palmo.[7] Antes de exorcizá-la, acreditando ingenuamente que em seu lugar estaríamos colocando uma fada pós-moderna, deveríamos pensar que mesmo a caça às bruxas visava acabar com um antigo saber, pretendendo em nome da razão ou de um dogma expurgar o ímpio. As estrelas orientam os navegantes há milhares de anos, a nova tecnologia torna a navegabilidade mais precisa, mas não invalida a navegabilidade pelo método anterior. Devemos investigar quais são os aspectos da teoria freudiana que não parecem mais se sustentar, apontar contradições, na tentativa de tornar inteligíveis os fenômenos por ela descritos. Alguns psicanalistas tiveram a capacidade de inventar novas feiticeiras, Klein, Winnicott e Lacan, em maior escala,

---

5 *Apud* Viderman, S. (1990). *A construção do espaço analítico*. (S. J. Almeida, Trad.). São Paulo: Escuta, p. 58.
6 Em relação a uma discussão sobre a possibilidade de liquidar definitivamente o conflito entre o Eu e a pulsão, diz Freud: "Então é preciso que intervenha a bruxa. A bruxa metapsicologia, vale dizer. Sem um teorizar e especular metapsicológico – Quase fantasiar, não se dá aqui um só passo adiante". Freud (1937a/1986, p. 229).
7 Existe a este respeito um interessante trabalho, *Metapsicologia! Fantasia*, de Mezan (1989), que será útil para nossa discussão sobre o papel da teoria em psicanálise.

outros em menor, mas isso só foi possível graças à apreensão de novos aspectos da subjetividade humana no contexto clínico.

Freud pretendia, no início de sua prática, que a análise tivesse a capacidade de levantar as barreiras do recalque, permitindo o acesso à consciência das lembranças esquecidas por efeito dele. As questões da temporalidade e da memória nunca deixaram de ser objeto de seu interesse. No entanto, quando falamos em memória, ela pede um objeto. Memória do quê? Fatos, eventos, impressões, fragmentos de coisas vistas ou ouvidas, memória de um passado irrecuperável na sua identidade espaçotemporal, embora vivo e ativo naquilo que, com Freud, podemos chamar, numa primeira aproximação, de infantil. Recolocar a questão da memória significa penetrar num território traiçoeiro.

A fantasia, anjo negro da nossa psique, brinca diabolicamente, ao ponto de Freud nos falar em "lembranças encobridoras".[8]

Lembranças fabricadas por encomenda para esconder como álibis outras lembranças. Álibis não tão perfeitos na medida em que, desmontados pela perícia investigativa de Freud, mascaram desejos inconcebíveis para nossa memória pré-consciente. Desejos ancorados em fantasias, tributários de experiências de satisfação. Fantasias decodificadas no andamento do processo analítico, encenadas num palco antigo, cuja força expressiva nos surpreende no presente.

Reconstruir as motivações do recalque, a intensidade das forças em conflito que tornaram e tornam a experiência psíquica mais do que um palco, uma arena onde forças até então insuspeitadas se digladiam, essa é uma tarefa que Freud impõe a si mesmo. Freud jamais abandona a questão das origens. Muitas motivações podem ser atribuídas a esse fato, no entanto, meu interesse está voltado

---

8 Freud (1899/1986, p. 291).

para as implicações dessa obstinação, dado que ela, ao mesmo tempo que remonta à teoria da sedução, é sempre retomada.

Freud foi infatigável à procura do *Ur*, do originário, do tempo primordial, na sua teoria sobre a "horda primitiva" e o "banquete totêmico" que se segue ao assassinato do pai ancestral. Na estrutura: na medida em que propõe as próprias fantasias, fantasias originárias, matrizes inconscientes, as quais a singularidade individual não pode transcender, sob pena de ser condenado a viver excluído da cultura. Seria desconsiderar, às raias de uma certa leviandade, postular que todo o gigantesco esforço teórico, clínico, autoanalítico para incluir a dimensão histórica na Psicanálise pudesse ser descartado sem alterar o corpo da obra.

A dimensão histórico-infantil encontra-se presente como argamassa que permite a liga entre os diversos tijolos que constroem o edifício teórico legado por Freud. Se hoje tal dimensão parece insuficiente ou desnecessária para alguns, ela deveria ser criticada com o rigor que merece. A práxis psicanalítica opera como um corpo integrado. Desconsiderar qualquer um de seus parâmetros implica em redimensionar o corpo como um todo, caso contrário, seria como sustentar que, uma vez que não podemos encontrar no escuro o objeto que perdemos, é melhor procurá-lo em outro lugar mais bem iluminado, mesmo que saibamos que está alhures. Situo-me, neste trabalho, ao lado dos que insistem em continuar tentando, mesmo nas brumas, rastrear a dimensão histórico-infantil. Nas palavras de Freud (1918 [1914]/1986, p. 52):

> *O conflito atual, o afastamento da realidade, a satisfação substitutiva na fantasia, a regressão ao material do passado, tudo isto sempre integrou a minha doutrina. Mas não era toda a minha doutrina, apenas a parte da causação que produz seus efeitos no sentido*

> *regressivo a partir da realidade na direção da formação dos sintomas. Junto dela deixei lugar para uma segunda influência, progressiva, que produz seus efeitos desde as impressões infantis, assinalando o caminho da libido que se retira da vida e permite compreender a regressão à infância, que de outro modo seria incompreensível. Assim, segundo minha concepção, ambos os fatores se conjugam na formação dos sintomas. Mas há uma conjugação anterior que me parece de igual valor. Afirmo que, de fato, a influência da infância já se fez sentir na situação inicial da formação da neurose, co--determinando, de modo decisivo, se o indivíduo fracassará- e em que ponto – no domínio dos problemas reais da vida... logo, o que está em discussão é o valor do fator infantil.*[9]

A hipótese freudiana é que, para compreender sua doutrina, seria necessário investigar os processos psíquicos em duas direções: regressiva e progressiva. Pois bem, antes de empreender essa tarefa, que espero que permita identificar com mais clareza "o valor do fator infantil", temos que esclarecer a que se refere o autor quando aponta para esses dois modos de funcionamento psíquico. Reparemos aqui como, à medida que avançamos, o nível de questões envolvidas se multiplica, assim como o grau de complexidade delas.

Tanto a memória como a temporalidade precisam ser investigadas no modo particular em que emergem na situação analítica e nos modos pelos quais a metapsicologia tenta compreendê-las construindo modelos abstratos, mas que, a meu ver, guardam uma relação isomórfica com as formações do inconsciente: sonho,

---

9 Freud (1918 [1914]/1986, p. 52).

sintoma, transferência etc. E aqui tocamos em outro ponto que dá mais sentido e atualidade à ideia de construções: o isomerismo. A noção de isomorfismo[10] tem se mostrado muito útil, como pretendo ilustrar no decorrer do trabalho, para dar conta das relações entre a dimensão clínico-interpretativa e os modelos teóricos que o analista utiliza para tornar comunicável e socializar sua experiência. Refiro-me ao fato de que, se o analista possui um modelo metapsicológico que opera como sua teoria a respeito do funcionamento psíquico, esse encontra-se em correspondência com aquilo que ele compreende por referência ao infantil, assim como o fenômeno transferencial mantém uma relação de pertinência com a esfera de possibilidades que o infantil determina. Podemos atribuir múltiplos sentidos para o passado histórico, mas não podemos negar sua existência. Nas últimas décadas, temos assistido cada vez com maior intensidade a estudos interacionais[11] do bebê com o ambiente e com a sua mãe. Algumas dessas pesquisas partem de um referencial psicanalítico e visam confirmar descobertas feitas a partir da própria clínica. Outras partem de um modelo próximo às ciências naturais, visando uma observação neutra. Esses dois modelos apontam com muita intensidade numa direção genética e evolutiva dos processos psíquicos, o que não faz parte do modo tradicional de Freud de aproximar-se do infantil. A interferência direta das consumações analíticas para a realidade, assim como a via inversa da observação exterior e sua importação para o interior

---

10 Conceito cuja origem provém da lógica e da matemática e refere-se a uma correspondência entre operações desenvolvidas num conjunto e em outro, embora ambos sejam heterogêneos.
11 O livro de Serge Lebovici (1987) *O bebê, a mãe e o psicanalista* oferece uma extensa e crítica introdução ao tema. Levanta também a questão de que tipo de atitude pode adotar o psicanalista diante das inúmeras descobertas no campo de desenvolvimento, sem perder a especificidade de seu próprio modo de compreender o psiquismo. Acrescentam-se aqui as descobertas da escola psicossomática de Michel Fain e Pierre Marty.

do campo transferencial, suscita ao menos uma série de interrogações sobre a legitimidade epistemológica desses procedimentos e sobre suas implicações operacionais. Como compreender o infantil em seu estatuto psicanalítico? Trata-se de uma interiorização ponto por ponto da infância? Ou serão fases de desenvolvimento pré-estabelecidas que obedecem a uma ordem cronológica que, se não satisfeita, desencadeia as patologias? Como falhas no desenvolvimento? Ou, como dissemos anteriormente, seguindo um modelo freudiano, o infantil só poderá ser compreendido se estudarmos os modos singulares do sujeito se constituir em relação a uma memória e uma temporalidade que obedecem a uma causalidade não linear de composição?

Retomar hoje a questão do infantil na sua multiplicidade de significados é, a meu ver, retomar um dos eixos principais da descoberta freudiana. Também é poder, a partir do interior do campo psicanalítico, olhar para os novos modelos de investigação tanto nas ciências humanas como nas ciências naturais, sem perder a especificidade do vértice psicanalítico, mas sem fecharmos os olhos para nosso tempo.

Cada vez mais a Psicanálise vem sendo solicitada para estudos transdisciplinares e muitas vezes corre o risco, de modo pouco explícito, de ficar seduzida pelos modelos das outras disciplinas, perdendo assim a especificidade de seu objeto. Nesse sentido, vejo uma íntima relação entre objeto e metapsicologia, constatando que transformações num deles necessariamente demandam revisões no outro.

Essa questão conduz a retomar uma tensão produtiva na obra de Freud, entre verdade histórica e realidade psíquica. Ela é um dos principais animadores do período heroico de sua correspondência com Fliess, dos *Estudos sobre histeria*, das lembranças encobridoras. Sua presença (na maior parte das vezes conflitiva) se faz sentir até em alguns de seus últimos trabalhos: *Construções em análise* e *Moisés e o monoteísmo*. Essa problemática está longe de ser especulativa, pois retoma a questão do originário.[12] Muitos analistas equiparam hoje o originário a um mito forjado *a posteriori*. No entanto, concordo com Laplanche[13] quando, criticando essa postura (que compara àquela de Jung sobre a fantasia retrospectiva), escreve: "Adornar a fantasia com o belo nome de mito não muda em nada, na minha opinião, o cerne do problema: a efetividade do originário infantil". Laplanche (1987, p. 162).

Muitos conceitos de uso costumeiro em psicanálise parecem ter inflacionado[14] seu significado e sua função heurística. Se na própria obra freudiana assistimos, em vários momentos, a uma multiplicidade de sentidos em relação a algumas das noções por ele estudadas, assume maior complexidade o panorama com os desenvolvimentos pós-freudianos. Cada escola psicanalítica acaba privilegiando certos momentos da obra freudiana, bem como introduzindo novos conceitos, ampliando nosso conhecimento sobre a psique humana, mas criando no campo psicanalítico uma

---

12 O autor discute a partir da resenha de três livros de analistas contemporâneos a importância desta problemática. In: Mezan, R. (1991). Trois conceptions de l'originaire. *Etudes freudiennes*, 32.
13 Este autor preocupa-se em enfatizar a realidade do inconsciente, assim como também, a partir do que chama "teoria da sedução generalizada", colocar o originário no contexto do apoio da sexualidade infantil nas funções de autoconservação.
14 "... tudo se passa: como se a inflação desvalorizasse violentamente não só o dinheiro, mas também os homens ... e as palavras. O cruzado vale o que se sabe, o homem não vale o que come, ou melhor, o que já não come; como querer que as palavras façam sentido, ainda digam alguma coisa?". Santos, L. G. (1989). Sobre a desvalorização da linguagem. In *Tempo de ensaio*. São Paulo: Companhia das Letras, p. 144. Sabemos que o autor aponta para um processo mais amplo, mas como psicanalistas e particularmente no Brasil não podemos ignorar o efeito corrosivo desse processo sobre nossa prática e sua transmissão.

verdadeira babel conceitual. Ante essa situação, algumas tentativas[15] vêm sendo feitas no sentido de poder mapear esse conjunto tão rico e complexo de teorias produzidas por nossa disciplina.

Reconheço na psicanálise a necessidade não só de uma certa discriminação do campo conceitual, mas também de poder situar hoje a relação da teoria com nossa clínica. Nesse estado de coisas, na atual configuração do campo analítico, podemos identificar a situação de alguns conceitos. Assim, em relação à noção de infantil, afirma Pontalis (1979):

> *Essa referência é tão evidente, que a indagação pode parecer estranha: acaso a psicanálise não é, em seu próprio princípio, tanto na teoria quanto na prática, inteiramente movida pela crença, sempre confirmada, de que aquilo que chamamos "adulto" – aliás, com hesitação cada vez maior – é modelado de uma ponta a outra pelos conflitos, traumas, fantasias e desejos da criança?*

No entanto, ante essa questão que parece ser a argila que molda os tijolos do psiquismo, esse autor se interroga e convida um número de notáveis psicanalistas de diferentes escolas à "interrogação radical sobre a criança e o infantil".

A meu ver, não apenas sua importância crucial demanda uma interrogação, embora isso por si só seria suficiente, mas é, principalmente, o caos conceitual no qual ela se vê inserida e a indeterminação para o clínico que suscita.

Desde Freud, as relações do indivíduo com seu ambiente foram objeto de estudo pela psicanálise. Da teoria traumática ao estudo

---

15 Neste trabalho, nossas referências principais serão: Mezan (1988) e Bleichmar (1986).

da fantasia inconsciente, há um salto qualitativo na intelecção do psiquismo e de suas motivações, no entanto, apesar do tenaz esforço desenvolvido por seu criador, as relações entre esse psiquismo e sua origem permanecem obscuras.

O campo do infantil começa a se configurar em Freud a partir de uma interrogação etiológica sobre a neurose. É nesse contexto que o infantil se relaciona principalmente com a dimensão traumática das experiências da criança ou do adolescente.

A evolução de seu pensamento e sua maior compreensão da clínica conduzem-no a alterações significativas face ao que pode ser compreendido como infantil, embora essas alterações nem sempre tenham atingido um elevado grau de sistematização.

Somente para exemplificar essa ideia, a ênfase colocada por Freud na transferência desloca o lugar da rememoração das experiências infantis para sua repetição. Essa nova perspectiva reordena tanto a questão etiológica como todo o método clínico, implicando numa nova posição face ao infantil. Embora esse momento seja muito conhecido, acredito existirem na obra de Freud outros momentos dessa natureza.

Há em Freud uma articulação entre teoria da origem da neurose, teoria do tratamento e a posição do infantil. São essas articulações que poderão auxiliar na compreensão do lugar que o infantil ocupa na experiência psicanalítica.

É claro que, quando nos referimos ao material de uma determinada sessão analítica, estamos no campo de uma singularidade, mas a interpretação analítica não se dá tão somente por intuição subjetiva. Nesse sentido, ao tentarmos adentrar o campo do infantil, enxergamos, à nossa frente, tanto a perspectiva metapsicologia como a dimensão clínica. Nessa sequência, permito-me introduzir as ideias de Viderman, psicanalista francês, cujas posições instigantes discutirei em vários momentos deste livro. Diz o autor:

> *É menos a teoria que segue o desenrolar do tratamento psicanalítico e mais este que se põe a assemelhar-se à teoria, pelo que se tenta retomar-lhe o movimento, sem o qual ver-nos-íamos confrontados com uma realidade puramente bruta, imperceptível e contraditória. É o utensílio conceitual que a teoria coloca à sua disposição que sensibiliza e abre a inteligência do analista para permitir-lhe informar a realidade de acordo com as articulações pré-formadas que fez para si mesmo. Fora disso, nada é visível. Para ver outra coisa seria preciso mudar a teoria. Viderman (1990 [1970], p. 122).*

Colocação radical do autor, que tentará demonstrá-la ao longo de seu livro, e que, sem dúvida, é muito pertinente ao campo que desejamos abordar. Acima de tudo, visa derrubar a ideia de um analista neutro que estaria ocupando um lugar cuja escuta, desprovida de qualquer *a priori*, revelaria a verdade última do sujeito. No entanto, e aqui me permito discordar do autor (na perspectiva de abrir novas interrogações), pergunto-me se realmente não é quando esta realidade bruta nos atinge, nas suas contradições aparentemente sem sentido, em alguns momentos nos quais uma angústia contratransferência toma conta do analista (demandando sua elaboração), quando se suspende todo saber, que algo da realidade do inconsciente se impõe.

Aqui estaríamos nos interrogando sobre uma tensão talvez necessária entre teoria e experiência. Exemplificarei essa ideia de isomorfismo entre a dimensão do modelo metapsicológico e a dimensão do infantil, aceitando o risco de estender esta introdução.

No entanto, considero-o necessário, para que o leitor tenha uma ideia mais precisa do campo em que se situam minhas questões. Se, como diz Viderman, a organização do campo analítico condiciona o que nele vamos encontrar, não é menos verdadeiro que as modalidades de escuta analítica também foram constituídas pelo próprio objeto. Estaríamos no campo de uma reflexão mais ampla que extrapola o campo analítico e nos conduz a pensar a relação de determinação entre o instituinte e o instituído nas diferentes instâncias do social. Questão que diz também respeito à filosofia das ciências, na medida em que nos interrogamos sobre os diferentes graus de abstração aos quais os modelos obedecem, que tipo de relação de representação guarda com o objeto de seu estudo e com o próprio objeto. O dado empírico é impregnado pelo modelo que o registra.

Como apontamos anteriormente, a teorização freudiana, desde o início, mostra-se inclinada em direção ao originário, começando por Teoria da Sedução até Análise Terminável e Interminável. Questão fundamental para Freud quando aborda a problemática da origem do humano em sua dimensão simbólica (em *Totem e tabu*) e, na continuidade, sua tentativa de teorização do Édipo, na qual pretende compreender a constituição do sujeito, tanto em sua determinação pulsional como na fantasmatização do desejo, numa referência de filiação. A questão do originário e a indagação pela origem, cuja expressão é encontrada nas teorias sexuais da infância, articulam-se com o fenômeno da repetição.[16] Nesse sentido, os modelos teóricos, tanto metapsicológicos como clínicos, são construídos em relação ao originário infantil por uma espécie de exigência do objeto (psicanalítico), de forma que a problemática do infantil e o tema das construções em analise se entrelaçam, de modo que a teoria pode ser vista como uma construção corolário

---

16 Esse é o ponto em que se articula na Psicanálise a dimensão do sentido com a dimensão energética ou das forças pulsionais. Um sentido tomado desde o fenômeno da repetição.

da clinica. Não são somente exigências teóricas de um modelo apriorístico, mas questões fundamentais do acontecer psíquico, que qualquer modelo clínico-metapsicológico não pode ignorar.

No entanto, concordo com Viderman que, uma vez tendo os modelos à disposição, o analista deverá operar um verdadeiro trabalho de redescoberta com o analisando para evitar o risco sempre presente de impor um modelo no lugar da produção conjunta de um saber na sessão.

O tratamento psicanalítico deve ter por meta a supressão da amnésia infantil. Princípio básico da clínica cunhada por Freud, quantos analistas sustentariam hoje esse princípio? Muitos talvez o enxerguem como um momento histórico no desenvolvimento da Psicanálise e justifiquem que num modelo mais hermenêutico interpretativo ele perderia sua relevância. O próprio Freud sustentou que toda memória é impregnada pela subjetividade do sujeito. Assim as lembranças do passado, mesmo aquelas que emergem surpreendentemente no decorrer de uma análise, não seriam nada mais do que construções retrospectivas[17] (como Jung as chamava). Se ancorados na ideia da transferência como repetição de modelos infantis e atribuir a ela o verdadeiro estatuto de lembrança, que importância restaria, então, para a recuperação das lembranças?

Como vemos, o avanço e a sofisticação dos modelos psicanalíticos trazem consequências para a técnica ou teoria da técnica (longe estamos de compreender a clínica psicanalítica como uma mera aplicação de uma teoria). Nem sempre os desenvolvimentos teóricos foram acompanhados por mudanças na clínica, assim

---

17 Esse foi um dos temas mais controvertidos entre Freud e Jung. É conhecido que a publicação do caso do *Homem dos lobos* (1918), como ficara conhecido, tenta a defesa da "cena primitiva" em contraposição à ideia de fantasias retrospectivas.

como também o modo de se conduzir uma análise não obedece a um movimento de teorização que dê conta da experiência.

Estou ciente de que o terreno em que os convido a me acompanhar não é em absoluto tranquilo, nem livre de armadilhas.

Há um hiato, uma decalagem entre clínica e teoria, mas isso não é toda a dificuldade. Há saltos e rupturas nas próprias modalidades de concebê-las. A obra de Freud atesta esses enunciados, de forma tal que a própria história da Psicanálise apresenta lacunas, que puderam ou não ser preenchidas dependendo do modelo investigativo utilizado.

Ora, dirá o leitor, estamos nos distanciando das considerações iniciais. Começamos falando das lembranças da infância e estamos discorrendo sobre a história da Psicanálise. Que caminho tortuoso é esse? Nem mais nem menos tortuoso do que precisa percorrer aquele que quiser aproximar-se da Psicanálise hoje em dia. Um caminho onde não se encontrarão axiomas fundamentais dos quais poderão derivar-se teorizações não contraditórias sobre o inconsciente, mas um jogo de aberturas possíveis com caminhos mais ou menos trilhados, nos quais o próprio investigador carrega consigo uma bagagem de modelos aprendidos e uma singularidade marcada por seu inconsciente.

Não somos mais ingênuos para acreditar que todos enxergamos a mesma flor quando olhamos para ela, nem para acreditar que aquilo que é lembrado de uma vivência infantil seja o mesmo que para as outras pessoas que compartilharam da mesma situação. As pretensões de uma ciência objetiva da alma humana caíram por terra há muito tempo. Aliás, isso não se deu exclusivamente no campo do psíquico: a história, a antropologia, a etnologia não lidam com fatos considerados por meio de uma única perspectiva de significação, a polissemia ganha cada vez mais espaço, a interpretação do evento, maior importância. São as leituras que nos revelam os múltiplos sentidos dos originais. Pois bem, face a este enriquecimento e, ao mesmo tempo, face à relativização do saber e do conhecimento, onde encontrar um eixo para a clínica?

Aparentemente, quanto mais nos afastamos mais conseguimos ter uma perspectiva sobre o objeto de nosso interesse. Se as ciências humanas têm cada vez mais relativizado os fatos e os eventos e centrado o seu desenvolvimento numa perspectiva hermenêutica, é compreensível que a Psicanálise não só tenha contribuído para esse movimento (como é notória sua influência nas várias ciências humanas), mas que também tenha incorporado tanto em sua prática clínica como em sua teorização o impacto da modernidade. Acredito que devamo-nos preocupar muito menos hoje com as influências vitorianas[18] nas construções teóricas freudianas ou seus deslizes ideológicos e levar mais a sério o impacto moderno e pós-moderno na teoria e na prática psicanalítica. O avanço tecnológico pode tornar obsoleto o contato do homem com a terra, mas não pode contrariar a realidade de que o ser humano precisa se alimentar.

Não precisamos da história para compreender o passado, mas para suportar o presente e projetar um futuro possível. É isso que a experiência com psicóticos nos ensina. Aqueles que tiveram oportunidade de desenvolver uma experiência clínica no campo da psicose e da análise com crianças foram adquirindo uma convicção que sem dúvida retoma algumas intuições fundamentais em Freud e que não deixa inalterado o campo de análise com neuróticos. Retomar a problemática do infantil significa questionar "o fim da história" na Psicanálise. Assim como os historiadores abandonaram

---

18 Isso não implica em desconsiderar os sérios estudos sobre as teorias científicas da época ou os determinantes histórico-culturais presentes na obra de Freud, mas acredito existir uma urgência em poder, a partir do já conhecido, adotar uma abordagem diante dos novos discursos com os quais a Psicanálise se vê confrontada.

há bastante tempo a crônica como modelo único de fazer história,[19] o psicanalista deveria investigar qual é seu próprio modo de fazê-la. Talvez o modelo de Piera Aulagnier (1986, p. 15) possa ilustrar esse ponto:

> *Se o eu pode tudo ignorar sobre sua ontogênese na acepção biológica do termo, e desempenhar-se sem qualquer prejuízo, não pode prescindir de um saber sobre sua ontogênese psíquica ou, para deixar de lado as metáforas, sobre sua própria história libidinal e identificatória. É uma necessidade de seu funcionamento situar-se e ancorar-se em uma história que substitui um tempo vivido perdido pela versão que o sujeito se proporciona, graças à reconstrução das causas que o fizeram ser, que dão razão a seu presente e fazem pensável e investível um eventual futuro.*[20]

Aulagnier coloca-nos face a face com essa necessidade inalienável do eu, sem a qual ele mergulharia num caos atemporal, fragmentado, atordoado pelo universo pulsional e sem condições de reagir aos estímulos provenientes do exterior. Não se coloca em dúvida que essa versão de si será confrontada numa análise, mas também não podemos duvidar da necessidade que o sujeito tem de reconhecer-se ou estranhar-se em relação a uma história.

Desde o trabalho de Freud sobre o narcisismo, a sexualidade tece uma trama indissociável com as instâncias ideais (ego, ego ideal, ideal do ego, superego), de forma que qualquer análise dos

---

19 Veyne (1982), em *Como se escreve a História*, desenvolve análise crítica dos diferentes modos de abordar as questões com as quais o historiador se defronta.
20 Piera Aulagnier, em vários momentos da sua obra, retoma a problemática da história e do eu como historiador. Principalmente a partir do seu trabalho com psicóticos.

investimentos libidinais dimensionados na fantasia inconsciente não deixaria intacto o sistema identificatório. Em outras palavras, referimo-nos ao *Édipo* no seu sentido mais amplo, como estrutura na qual e pela qual o sujeito se constitui. Mas, se a trama edípica possui alguns pontos de referência, no sentido de diferentes estruturas para as quais o sujeito pode convergir, devemos interrogar-nos a respeito do modo como o "tempo vivido-perdido" inscreve-se nessa organização.

Assim, acredito que possamos começar a delinear com um pouco mais de precisão o terreno do infantil a ser discutido neste trabalho. Não como um reservatório de lembranças conservadas intactamente, ou como repertório de comportamentos atribuídos à criancice do adulto. Estamos nos aproximando de uma temática muito cara a Freud, que é o modo pelo qual o psíquico registra ao mesmo tempo que se constitui pelas *Erlebnisse* infantis. Está em jogo a eficácia destas experiências e sua força viva no presente.

1. Carlos, uma árvore sem vida?

Por que esta letargia?
Eles mal poderiam despertar-me.
Pancada de chuva primaveril.

(Bashô)

Birman[1] sustenta que a pesquisa psicanalítica pressupõe a experiência psicanalítica em dois eixos: campo da pulsão e campo da interpretação, ou algo que poderia ser traduzido em outros termos como: experiência transferencial e hipótese interpretativa. Acredito, endossando esse ponto de vista, ser essa a posição do analista pesquisador em sua clínica, nos momentos em que da intensidade das forças em jogo surge um sentido possível. Aqui, vejo-me animado por um duplo movimento, por um lado, o prisma sugerido por Birman na esteira freudiana e, por outro, um enfoque um pouco mais histórico, mais comparativo, talvez até epistemológico. Se

---

1 Apresentação oral feita no segundo encontro de pesquisa acadêmica em psicanálise. PUC-SP, 1992.

é possível conciliar essas abordagens, é o que o próprio desenrolar deste trabalho tentará mostrar.

Ocupo-me da clínica psicanalítica com adultos e crianças e essa tarefa me coloca inúmeras questões, algumas das quais enumerei na introdução. Muitas originam-se no campo mais imediato da experiência clínica, pois estão ligadas aos níveis menos organizados de nossas hipóteses, outras vão progressivamente se descolando da experiência mais imediata e sensível e assim atingem o nível dos conceitos, dos modelos. Aqui torna-se inevitável que o analista amplie sua reflexão. Há muitos momentos em que Freud se viu obrigado a refazer seu percurso de teorização, rever constructos e sugerir novas hipóteses. Tomemos como exemplo uma das suas colocações por ocasião da introdução da teoria sobre a libido narcísica, que deu origem à segunda teoria pulsional. Perante o estado ainda inacabado de sua teoria, diz Freud (1914/1986):

> *Certamente, representações como a de libido egoica, energia pulsional egoica e outras semelhantes não são apreensíveis com facilidade, nem seu conteúdo é suficientemente rico; uma teoria especulativa das relações entre elas pretenderia obter primeiro, como fundamento, um conceito nitidamente circunscrito. Só que, a meu ver, esta é a diferença entre uma teoria especulativa e uma ciência construída sobre a interpretação da empiria. Esta última não invejará na especulação o privilégio de uma fundamentação logicamente incontestável de um ponto de vista lógico; deverá dar-se por satisfeita com pensamentos básicos que se perdem na névoa e dificilmente se deixam conceber, espera concebê-los com maior claridade no curso do seu desenvolvimento como ciência, e dado o caso, substituí-los por outros.*
> *. . . Freud (1914/1986, p. 75).*

Minha proposta visa seguir esse caminho proposto por Freud, não na perspectiva de apresentar novos fatos que possam vir refutar teorias construídas, mas de indagar a relação entre os modelos e a experiência. Nesse sentido, embora nosso trabalho não obedeça a uma exposição sistemática de casos e subsequente análise deles, estaremos sempre animados por uma reflexão não exclusivamente especulativa, pois consideramos que não há teoria psicanalítica sem objeto psicanalítico. Até nos momentos mais especulativos, percebemos em Freud, se não uma referência imediata à clínica, um estado latente em suas formulações. Por isso pretendo iniciar este capítulo com um breve relato de material clínico e a partir dele organizar algumas questões. Não se trata de um material que considere muito especial. Ele o é na medida em que cada paciente é especial, singular. Não se trata tampouco de apresentar alguma situação de extrema originalidade, pelo contrário, minha impressão é de que muitos analistas já viveram experiências semelhantes em suas clínicas. O que me motiva a apresentá-lo é que, em seu momento, há alguns anos, suscitou em mim muitas questões. Talvez represente alguma gratidão para com alguém que muito me ensinou e estimulou a pensar algumas questões que, embora naquele momento não se configurassem como tema para uma pesquisa, hoje considero precursoras deste trabalho, assim como muitos outros que talvez eu nem chegue a nomear, mas que estarão presentes nas entrelinhas de minha escrita. Obviamente tentarei evitar o maior número de referências concretas para evitar o reconhecimento do material. Façamos de conta que se trata de um personagem de ficção. Muitas histórias não nos proporcionam uma convicção de realidade sensível? Vamos então ao caso.

Fui procurado pela mãe de Carlos, garoto de 10 anos de idade, após recente separação de seu marido. Ela conta que Carlos está muito apático, não demonstra interesse por nada, vai mal na escola. Ela, por sua vez, mostra-se muito atarefada, dividida entre uma empresa que dirige, relações sociais e a casa, à qual pode dedicar pouco tempo. Não deixa de se queixar ao longo da entrevista de seu ex-marido: "Ele não deu certo, não se interessa pelas crianças, já arrumou uma namorada etc.".

Vejo o pai, que, assim como a mãe, apresenta-se muito bem vestido, com uma aparência impecável. Ele receia que seu filho tenha tendências homossexuais. Parece ocupado em refazer sua vida e diz que sempre fora difícil entender-se com sua mulher.

Atualmente, namora uma moça alguns anos mais jovem. Conheço Carlos. Ele destoa profundamente da aparência de seus pais. Apresenta-se abatido, parece estar sempre cansado, sem tônus muscular. Desenha, na primeira entrevista, uma estrada deserta e uma árvore sem folhas. Algo que se assemelha a um esqueleto de árvore. Quando lhe peço para falar sobre o desenho, diz que aconteceu uma batida entre dois carros e que a árvore se queimara, perdera a vida.

Após algumas entrevistas, decidimos pelo início da análise de Carlos. Tratava-se de entender de que acidente se falava. Tive a impressão de ser algo anterior e além da separação.

A separação dos pais teve o efeito de acentuar as dificuldades que Carlos vinha carregando consigo fazia bastante tempo. Não discorrerei sobre o processo de análise de Carlos, a não ser sobre um momento muito específico. Direi apenas que, após um ano e meio do início da análise, ele tinha se apropriado do processo. Participava ativamente por meio de associações verbais, desenhos ou brincadeiras que ele mesmo propunha. Experimentava, no momento, uma intensa competição comigo, ao mesmo tempo que aparecia um desejo de identificação. Foi no contexto dessa intensa transferência paterna que sua mãe começa a me telefonar, ora para falar da escola, ora para me dizer que o pai de Carlos tinha feito tal ou tal coisa. Estava ciente de que algo diferente estava se passando, mas escapava, neste momento, à minha percepção consciente. Curiosamente, assisto a uma paralisação na análise de Carlos, cessam as associações, o jogo parece perder o encanto, desenvolve-se uma verdadeira reação terapêutica negativa. Minhas intervenções são mais no sentido de conseguir retomar um estado anterior do que atingir o que poderia estar acontecendo. Sinto-me tão paralisado quanto Carlos. Após algumas sessões, tenho a impressão de que o que está ocorrendo teria alguma relação com os telefonemas da mãe.

Dois caminhos associativos começavam a delinear-se: por um lado, pareceu-me que a mãe de Carlos estava me colocando num lugar de pai substituto de meu paciente, num momento particularmente intenso de transferência paterna. Isso, se captado inconscientemente por ele, faria coincidir uma experiência no campo imaginário transferencial com uma substituição no campo da realidade efetuada pela mãe. Se eu não apontasse esse movimento, estaria contratransferencialmente sendo cúmplice de sua mãe na anulação do seu pai enquanto tal. Isso explicava parte do que estava se passando, pois dava alguns parâmetros para compreender a paralisia de Carlos, mas não a minha. Tenho a impressão de que, naquele momento, a intensidade da transferência conduzira-me, contratransferencialmente, a ocupar o lugar de pai do meu paciente. Se isso for plausível, a interferência da mãe, neste momento, obedecia também à intenção inconsciente de atacar qualquer identificação paterna do filho. Cumpriam-se, assim, dois objetivos: desabonar a imagem do pai real e reagir resistencialmente ao processo analítico de Carlos, justamente quando se intensificava seu interesse pelo universo masculino, o que lhe daria possibilidade de refazer suas identificações. Isso me levou a propor uma entrevista com a mãe de Carlos para explicitar parte desse movimento: tanto na direção de que Carlos tinha um pai e que seria com ele que ela deveria discutir algumas questões sobre a educação do filho que diziam respeito a ambos, como na direção de explicitar a dificuldade que ela teria em ver seu filho crescer, compartilhando um universo masculino com seu pai, o que a confrontaria com a própria castração (obviamente isso não lhe foi dito assim). Resta-nos compreender que o pai, nesta família, não pôde até então ocupar um lugar diferente junto à sua esposa.

Concluo aqui este relato clínico, pois pretendo discutir, em torno desses elementos, algumas questões teóricas interessantes que, embora do ponto de vista da técnica digam respeito à Psicanálise com crianças, têm implicações na clínica psicanalítica como um todo.

Gostaria de retomar a primeira sessão com Carlos. A árvore queimada, sem vida, consequência de um acidente, poderia estar aludindo à dimensão traumática que a separação teve para ele, na potencialidade de confirmar sua fantasia inconsciente de uma impossibilidade identificatória e, dessa forma, tal qual uma árvore queimada poderia refletir no processo de ver apagada sua vitalidade. Mas provavelmente era muito ameaçador para ambos os genitores. Para a mãe, na medida em que a confrontava com suas próprias dificuldades em relação ao masculino e, para o pai, na medida em que as fantasias fossem apenas um dos sentidos possíveis desse desenho. Há aspectos do universo psíquico dessa criança que vim compreender muito mais tarde na sua análise. Carlos vivia uma intensa sensação de solidão. Parecia habitar um mundo desolado que progressivamente pôde ser povoado por personagens fantasiados, e por outros do mundo exterior, que aos poucos passaram a fazer parte de sua vida. Alguns meses antes de decidirmos estar na hora de concluir nossos encontros, Carlos deixara de utilizar o material lúdico que lhe fora oferecido. Preferia deitar-se no divã, ficava calado durante longos espaços de tempo. Numa das sessões, disse: "Acho que não preciso mais vir aqui, alguma coisa deste lugar está dentro de mim". Tenho a impressão de que Carlos conseguira reconstruir um espaço psíquico até então experimentado como destruído, vivendo ameaçadoramente seus movimentos e fantasias edípicas. Por um lado, interpreto sua fala não como uma identificação com o analista, mas como um momento de apropriação do próprio processo analítico e da possibilidade de se reconhecer capaz de lançar-se para o mundo a partir de uma historização do seu percurso identificatório.

Por outro lado, a repetição transferencial não só nos colocou em contato com o universo inconsciente de Carlos, como também com o que poderíamos chamar de potencialidade patógena ou traumática do núcleo familiar. A compreensão dessa dinâmica permitiu a continuação de sua análise, assim como o início de uma interrogação por parte dos pais a respeito dos lugares que ocupavam em relação a seus filhos (Carlos tem um irmão mais novo que também se encontrava em processo terapêutico).

Carlos reedita transferencialmente suas angústias face aos desejos edípicos. Ele nos mostra a incapacidade de constituir-se como sujeito capaz de desenvolver suas potencialidades no contexto de uma família na qual exteriorizar suas fantasias edípicas era muito ameaçador para ambos os genitores. Para a mãe, na medida em que a confrontava com suas próprias dificuldades em relação ao masculino e, para o pai, na medida em que as fantasias a respeito da homossexualidade do filho evidenciavam seus próprios conflitos identificatórios.

Se esse modo de compreender os aspectos parciais da análise de Carlos for plausível, podemos sustentar que a situação transferencial carrega consigo as marcas do infantil. Um infantil que nada tem a ver com um infantilismo comportamental, mas que é herdeiro da aventura humana de se constituir como sujeito no contexto de uma família, numa cultura determinada. Esse processo, nunca acabado, muitas vezes encontra sérios impedimentos em sua evolução. A análise permite apreender na transferência momentos de impasse no percurso identificatório de Carlos.

Há muitas questões que se depreendem desse material, questões que dizem respeito à análise com crianças, ao papel que cabe aos pais nesse processo, à questão da potencialidade traumática de uma determinada organização familiar, ao grau de dependência da fantasia e da organização sintomática do imaginário familiar que, para Carlos, funciona como real. Enfim, questões ligadas à psicogênese em geral e ao trabalho específico com crianças em particular.

Retomo, mais uma vez, o primeiro encontro com Carlos, a figura triste, uma criança que se identifica com uma árvore queimada, murcha e sem vida. De que acidente nos estaria falando, qual a separação em questão? Parece ter sido abandonado na beira da estrada há muito tempo. O que evoca sua memória de um tempo morto-vivo dentro de si que pede para renascer? Qual é o tempo do acidente que congelara sua capacidade de investir afetivamente no mundo, de investir sua própria capacidade de pensar, de se arriscar num jogo identificatório? Carlos está preso num tempo imemorial, cujo paradoxo é retê-lo preso a uma memória que o impede de crescer. Tempo é devir, movimento, tempo do acontecimento, tempo da lembrança que evoca outro tempo. Alguma coisa está parada, interrompida, não pode fluir. A árvore queimada parece não ter perspectiva além do próprio lamento, que Carlos representa num corpo sem tônus, flácido, encostado à beira da estrada esperando.

Tempo e memória são elementos constitutivos da experiência subjetiva com os quais nos defrontamos em nossa existência e de um modo muito particular na experiência analítica. Tempo e memória nos mobilizam a retomar uma perspectiva histórica na compreensão do sujeito e da própria teoria psicanalítica. Convido o leitor a empreender um percurso, ora metapsicológico, ora clínico, que talvez possa abrir algumas das portas que trancam os segredos da subjetividade.

2. A história dos primórdios

2.1. *Memória e temporalidade: desafio para a psicanálise*

As nações tentaram ao longo do tempo manter uma identidade por meio de uma história compilada, como o passado que encontra no presente uma continuidade. Essa visão de história vem sendo questionada há muito tempo nas ciências humanas. Os estudos modernos, tanto estruturalistas como pós-estruturalistas, vieram questionar essa visão linear e ideológica da história. A memória na história singular do indivíduo também será profundamente abalada. O desmantelamento da consciência coloca em xeque visões mais tradicionais de memória. É com isso que Freud se defronta e assume o desafio, não de desconsiderar a memória, mas de encontrar os modos pelos quais a memória se articula no psiquismo. Há na Psicanálise uma perspectiva estruturalista em contraposição às visões desenvolvimentistas: por um lado, Lacan e, por outro, a psicologia do ego. Vamos investigar os passos de Freud e nossa própria experiência clínica, à procura não de uma verdade absoluta, mas das vicissitudes da constituição do psiquismo no que diz respeito à dimensão mnêmico-temporal e sua articulação com o infantil.

A lembrança, já na sua formulação dos *Estudos sobre a histeria*, coloca sérios e interessantes problemas para uma teoria da memória. Como observaremos no próximo item (2.2), a lembrança considerada patógena reflete na sua relação com o afeto que a vivência provoca, de forma tal que, mesmo nesse esquema simplificado, a memória não é uma função autônoma no psiquismo. Freud nos mostra como a memória opera na base da causalidade psíquica, como produz e organiza a percepção do presente, como o registro das experiências é dependente do aspecto pulsional envolvido. Longe estamos de uma concepção fotográfica da memória, no entanto, como disse anteriormente, Freud continuou insistindo na forte influência do fator infantil, mesmo após a descoberta do universo das fantasias inconscientes na etiologia da neurose. Torna-se necessário aprofundar a concepção de memória, pois ela diz respeito ao registro desse infantil. Há na clássica carta a Fliess,[1] de 6 de dezembro de 1896, um rudimentar modelo de funcionamento psíquico, que, sem grandes mudanças, foi reproduzido no Cap. VII da *Interpretação dos sonhos*. Transcrevo alguns trechos desta carta a seguir:

> *Como você sabe, estou trabalhando com a hipótese de que nosso mecanismo psíquico tenha se formado por um processo de estratificação: o material presente sob forma de traços mnêmicos fica sujeito, de tempos em tempos, a um rearranjo de acordo com as novas circunstâncias – a uma transcrição. Assim, o que há de*

---

[1] Masson, J. M. (1986). *A correspondência completa de Sigmund Freud para Wilhelm Fliess – 1887-1904*. (V. Ribeiro, Trad.). Rio de Janeiro: Imago Editora, p. 208.

essencialmente novo em minha teoria é a tese de que a memória não se faz presente de uma só vez, e sim ao longo de diversas vezes, e que é registrada em vários tipos de indicações.

A partir daí Freud propõe o seguinte modelo, que descrevo por extenso:

I	II	III		
W	Wz	Ub	Vb	*Bews* (Consciência)
XX	XX	XX	XX	XX
X	XX	XX	X	X

W (percepções): são os neurônios nos quais se originam as percepções, nos quais a consciência se liga, mas que, em si mesmas, não retêm nenhum traço do que aconteceu. Isso porque memória e percepção são mutuamente excludentes.

Wz (signos de percepção): é o primeiro registro das percepções e totalmente inacessível à consciência, organiza-se por associações de simultaneidade.

Ub (inconsciência): é o segundo registro, disposto por associações talvez causais e, igualmente, inacessível à consciência.

Vb (pré-consciente): é o terceiro registro ligado às representações de palavra.

Gostaria de enfatizar o fato de que os registros representam conquistas sucessivas de fases da vida. Na fronteira entre duas dessas fases, é preciso que ocorra uma tradução do material psíquico. Explico as psiconeuroses por meio da suposição de que isso não se tenha dado, no tocante a uma parte do material, acarretando assim certas consequências.

Freud sustenta que essa dificuldade de tradução, o recalcamento, traz consequências muito sérias ao psiquismo.

> *Quando falta uma transcrição posterior, a excitação é tratada de acordo com as leis psicológicas vigentes no período psíquico precedente e seguindo as vias abertas naquela época. Assim, persiste um anacronismo: numa determinada província, ainda vigoram os fueros;[2] estamos na presença de sobrevivências.*

Nesse modelo, a dificuldade de tradução motivada pelo desprazer que suscitaria no sistema Vb provoca um funcionamento psíquico estranho à consciência, pois tentará lidar com os fenômenos excitatórios de modo inadequado às exigências do presente. Vemos então que, para Freud, os registros mnêmicos de experiências infantis incapazes de tradução, que não têm acesso à consciência como tais, acabam originando as patologias neuróticas. Muitos veem nesse modelo do aparelho psíquico descrito por Freud um dado meramente histórico, anacrônico para uma moderna teoria da memória. No entanto, pensamos que ele contém elementos que ocuparam Freud ao longo de toda sua obra. Além disso, a presença do fator infantil anacronicamente instalado no psiquismo e sua dificuldade de assimilação são muito atuais para a compreensão da neurose e de outras formas de patologias mais severas.

Outros elementos desse modelo são interessantes. O primeiro deles é quando Freud aponta que os diferentes registros são conquistas sucessivas de fases da vida. Ou seja, o aparelho psíquico não é dado desde as origens, ele e suas instâncias obedecem a um

---

[2] "Código visigódico, que reúne normas de direito comum . . ." In: Fueros. Dicionários. *LexMagister*, c2021. Disponível em: http://www.lex.com.br/Dicionarios.aspx?pagina=115#. Acesso em: 9 fev. 2021.

processo de constituição que não é exclusivamente maturativo, mas dependerá das experiências do sujeito. Trata-se de quando Freud, usando um modelo fiscalista de inscrição, rompe com um determinismo biológico do psíquico. O segundo tem a ver com a chave do recalque que reside na "falta de transcrição posterior". Trata-se de articular tempos diferentes com o modo de funcionamento do aparelho psíquico. Certos registros de experiências parecem ter ficado congelados num modo de inscrição, num tempo T_1 e num novo tempo T_2, e vigoram como que obedecendo exclusivamente ao registro mnêmico temporal anterior. Vemos que, desde seus primeiros trabalhos, memória e temporalidade se articulam conceitual e concretamente.

Laplanche[3] retoma esse esquema para apontar que no sistema Wz reside o enigma do recalque. Segundo ele, é nesse momento que uma vivência passa a ser registrada no psiquismo.

Esse momento já implica numa dificuldade de recorrer ao signo ou sinal, por parte do bebê, para dar conta de sua própria experiência. Estamos no terreno denominado por Ferenczi[4] de "confusão de línguas" entre o mundo adulto e o universo infantil. Há nessa passagem algo não-metabolizado, dirá Laplanche, da ordem de um resto intraduzível, matriz fundadora do inconsciente. Retornaremos com mais vagar a essa questão em outros capítulos, ao abordar a questão do originário. O que nos interessa apontar agora é que a questão do registro das experiências infantis torna-se constituinte do inconsciente e fonte para o recalcamento. Nesse

---

3 Laplanche, J. (1988a). Traumatismo, tradução, transferência, e outros trans(es). In: Laplanche, J. *Teoria da sedução generalizada e outros ensaios*. Porto Alegre: Artes Médicas, pp. 84-96.

4 O autor refere-se à dimensão traumática da heterogeneidade entre a linguagem da paixão do adulto e a linguagem da ternura na criança no texto *Confusão de línguas entre os adultos e as crianças*. In: Ferenczi, S. (1992). *Psicanálise IV*. São Paulo: Martins Fontes, p. 347. (Trabalho original publicado em 1933).

sentido, abordar a questão da memória é de grande atualidade para podermos compreender a natureza do infantil. A tarefa não é das mais simples, pois Freud não escreveu nenhum texto generalizante sobre uma teoria psicanalítica da memória, suas considerações sobre o tema estão dispersas e percorrem quase toda a obra.

Green (1990),[5] num trabalho dedicado ao estudo da memória e do tempo, desenvolve uma importante contribuição da psicanálise para a compreensão da diversidade dos objetos mnêmicos. Esse trabalho pode nos orientar na busca de um caminho para nossa pesquisa. Diz o autor:

> *A originalidade da posição psicanalítica pede uma categorização dos objetos mnêmicos, já que estes não podem definir-se unicamente por sua qualificação perante a memória explícita.*
>
> *Assim, haveria possibilidade de distinguir:*
> - *as lembranças designadas como tais: conscientes, recuperadas pela psicanálise, inclusive as lembranças encobridoras, mais ou menos intrincadas com as fantasias etc.;*
> - *os derivados mnêmicos, como elementos contextuais na periferia do conteúdo das lembranças (como os evocados por Freud em Construções em análise), os sonhos, os delírios, as repetições atuadas etc.:*
> - *a memória amnésica, a compulsão à repetição, os estados de despersonalização ou somatização etc.*

---

[5] Esse e outros trabalhos de André Green se revestem de um interesse muito grande para nós, por se tratar de estudos rigorosos do pensamento freudiano, aliados à sua criatividade particular e a um trânsito fecundo entre as escolas francesas e inglesas de psicanálise.

Essa tentativa de Green parece-nos extremamente fecunda, pois, ao mesmo tempo que organiza os diferentes aspectos do fenômeno mnésico, coloca em evidência as diversas perspectivas do objeto psicanalítico. Por um lado, tem a peculiaridade de que qualquer analista com uma certa experiência reconhece nessa categorização diferentes momentos de sua clínica. Em outras palavras, aponta de forma muito categórica a impossibilidade de uma redução do objeto psicanalítico, desmontando a ideia segundo a qual Freud operaria com um modelo linear de memória.[6] Por outro lado, recupera todo o percurso freudiano para construir um modelo metapsicológico cada vez mais complexo, a fim de dar conta de fenômenos tão particulares.

A grade teórica proposta por Green nos conduz a pensar que, se quisermos entender a memória como um dos elementos constitutivos do infantil psicanalítico, devemos compreender o regime de funcionamento das diferentes modalidades de inscrição psíquica, que têm como corolário fenômenos mnêmicos tão particulares. Não me parece descabido pensar que poderíamos ler a obra freudiana, e talvez a de alguns autores pós-freudianos, como uma tentativa de construir uma espécie de carta náutica para os processos mnésicos, em que, certamente, não estaríamos somente falando de representações pré-conscientes capazes de evocação, mas, como ressalta Green, de como o irrepresentável se torna presente por meio da memória amnésica.[7] Paradoxo no qual "a prioridade é conferida à expressão máxima de um sentido mínimo". Fala de traços não simbolizados tal qual os encontramos nas psicoses, nos estados narcísicos, nas perturbações psicossomáticas.

---

6   Isso poderia ser consequência de uma leitura parcial ou simplista de sua obra.
7   O tema do irrepresentável tem sido objeto de muitos trabalhos nas últimas décadas. O próprio Green (1988), em "O analista, a simbolização e a ausência no contexto analítico", faz um estudo dessa tendência no movimento psicanalítico.

Percebemos, com bastante clareza, que o primeiro movimento de Freud (descrito sucintamente no item 2.2) refere-se às lembranças quase num sentido literal do termo.

Com o texto *Sobre as lembranças encobridoras* (1898) e com a postulação da fantasia inconsciente, inaugura-se um período que passa pela *Interpretação dos sonhos* (1900), *Três ensaios sobre a sexualidade* (1905) e outros textos complementares, em que haverá um estudo focalizado no privilégio do desejo, da fantasia inconsciente, da sexualidade infantil, dos investimentos libidinais do complexo de Édipo e no campo clínico da repetição transferencial. A esse período corresponderiam os elementos mnésicos apontados por Green basicamente na segunda categoria.

Podemos pensar num outro período (sem nenhuma pretensão de sermos exaustivos na categorização), que iria do texto *Introdução ao Narcisismo* e incluiria a revisão da *Teoria das pulsões* em *Para além do princípio do prazer*, no qual a compulsão à repetição adquire uma preponderância teórica enorme a partir das constatações clínicas. Compulsão que, segundo Freud, age silenciosa, mas destrutivamente. Estaríamos abrindo aqui a terceira das categorias de Green, em que estaria incluída também a revisão da teoria da angústia em *Inibição, sintoma e angústia* (1926), na qual Freud recupera a dimensão traumática a partir da controvérsia com Rank.[8] Recoloca o bebê humano em seu estado de desvalimento ante a emergência de estímulos internos e externos, com um aparelho psíquico em constituição ainda frágil para dar conta de induções muito violentas, tanto pulsionais quanto ambientais. Esta *Hilflosigkeit*, que coloca a cria humana numa relação de total dependência

---

8 Freud discute longamente no referido texto as suas diferenças com a teoria proposta por Otto Rank. Em *O trauma do nascimento*, Freud, como veremos posteriormente, não deixará de atribuir importância traumática ao nascimento, mas não o colocará num lugar tão privilegiado como Rank.

com o outro, vai se tornar objeto de estudo de autores como Winnicott e Bion, na Inglaterra, Mannoni e Dolto, na França, entre outros, para falar talvez dos mais expressivos que tentam pensar a experiência psicótica.

Assim, seguindo a classificação sugerida por Green, podemos investigar a memória como objeto de interesse para a clínica psicanalítica nos diferentes momentos da obra freudiana.

Como tivemos a oportunidade de observar, esse breve olhar acerca da memória já produz o efeito de alargar nossa representação sobre ela e oferece um panorama das diferentes modalidades de sua possível compreensão. Vemos que definir o objeto psicanalítico como sendo exclusivamente o inconsciente, sem uma explicitação de suas modalidades de inscrição, é redutor em relação à sua complexidade. Iniciemos então nosso percurso pela trilha da lembrança.

2.2. *A lembrança patógena*

Tem sido muito estudado, tanto por psicanalistas como por filósofos, o momento inaugural da descoberta psicanalítica, datada por muitos na passagem da teoria da sedução (que considerava um momento traumático realmente acontecido) para a concepção da fantasia inconsciente. Momento registrado na já clássica carta a Fliess, na qual Freud anuncia: "E agora quero confiar-lhe o grande segredo que foi despontando em mim nestes últimos meses. Não acredito mais em minha neurótica."[9] O que nos interessa neste momento é a importância decisiva que o momento de crise e ruptura

---

9 Carta do 21 de setembro de 1897. In: Masson, J. M. (1986). *A correspondência completa de Sigmund Freud para Wilhelm Fliess – 1887-1904*. (V. Ribeiro, Trad.). Rio de Janeiro: Imago Editora.

acarreta para as concepções de memória e temporalidade para Freud. Ele não apenas subverte a teoria anterior, com a qual ele mesmo trabalhava, como ainda introduz uma nova visão do sujeito. Abordaremos essa passagem com o intuito de poder sustentar com maior clareza nossas hipóteses a serem desenvolvidas.

A teoria da sedução pretendia ser o fundamento etiológico da histeria, que encontrara no método catártico uma possibilidade terapêutica. Essas hipóteses aparecem desenvolvidas nos *Estudos sobre a histeria*, mais especificamente no Capítulo 1: "Sobre o mecanismo psíquico dos fenômenos histéricos: comunicação preliminar", Freud e Breuer (1893-1895). Nesse trabalho, os autores consideram que o fator traumático comanda a patologia histérica. As experiências traumáticas seriam aquelas passíveis de suscitarem "afetos penosos de horror, angústia, vergonha, dor psíquica..." Freud e Breuer (1893-1895, p. 31). Essa vivência traumática não se perde, "... trabalha como um corpo estranho que ainda muito tempo depois da sua intrusão tem que ser considerado como de eficiência presente..." Freud e Breuer (1893-1895, p. 32). Essa é a hipótese fundamental dos *Estudos: a existência de um registro mnêmico da experiência traumática* que continuaria agindo em outro estado de consciência. Esse registro possui características patógenas principalmente porque o quantum de afeto envolvido na situação originária não pode ser ab-reagido.[10] Essa impossibilidade original de descarga seria a responsável pela atualidade e

---

10 "Descarga emocional pela qual um indivíduo se libera do afeto ligado a recordação de um acontecimento traumático, permitindo assim não se tornar ou não continuar patogênico." Laplanche & Pontalis (1977). A noção de ab-reação é de extrema importância e seu papel na psicanálise vai muito além de sua importância histórica nos *Estudos*. É por meio da palavra que o afeto encontra uma de suas principais vias de descarga. Assim, essa noção extrapola o contexto da teoria da sedução, atingindo o próprio processo analítico como podemos concebê-lo hoje, e adquire enorme significação. Retomaremos essa temática a respeito do traumatismo como o não-simbolizado em outro capítulo.

indestrutibilidade das lembranças. Assim, a terapêutica se depreende:

> *Os sintomas histéricos singulares desapareciam logo e sem retornar quando se conseguia despertar com plena luminosidade a lembrança do processo ocasionante, convocando ao mesmo tempo o afeto acompanhante. Quando posteriormente o doente descrevia esse processo do modo mais detalhado possível, expressava em palavras o afeto. Freud & Breuer (1893-1895, p. 32).*

Os casos apresentados por Freud nos *Estudos* testemunham esse método, mas já o ultrapassam, pois progressivamente abandonam a hipnose e a sugestão para se aproximar da associação livre e da presença de fenômenos transferenciais. Não é nosso propósito aproximarmo-nos desse fascinante momento. Alguns autores já o fizeram e com grande maestria. Meu principal objetivo é identificar com um pouco mais de detalhes algumas das características desse modelo. Dos casos pertencentes a esse período, farei referência ao caso Ema, presente no *Projeto de uma psicologia para neurólogos*, Freud (1895/1986, p. 400). Minha escolha é relativamente aleatória e pretendo ilustrar, a partir dele, os traços marcantes da teoria da Sedução. Ema encontra-se sob a compulsão de não conseguir ir sozinha a uma loja. Fundamenta sua experiência numa lembrança acontecida quando contava aproximadamente doze anos. Fora a uma loja fazer compras, viu dois empregados sorrindo e saiu correndo, presa de um afeto aterrador. Associa que talvez ambos rissem de seu vestido e que um deles tinha lhe agradado sexualmente. Essa lembrança, diz Freud, não explica nem seu pavor nem o determinismo do sintoma. No trabalho de análise, evidencia-se uma segunda cena anterior à descrita, quando Ema tinha oito anos. Vai a uma padaria comprar guloseimas e o homem que a atendera belisca seus genitais por meio do vestido. Apesar da experiência, Ema vai novamente à padaria. Após a segunda vez, ela não volta mais ali. A conexão associativa entre essas duas cenas são proporcionadas pela risada do homem da padaria, que se assemelha àquela da loja. Assim Freud compreende o acontecido:

> *Na loja os empregados riem, esta risada evoca (inconscientemente) a lembrança do padeiro. A situação apresenta outra semelhança: novamente está sozinha numa loja. Junto com a lembrança do padeiro é lembrado o beliscão através do vestido, mas ela neste tempo já se havia transformado em púbere. A lembrança desperta (coisa que no momento original era incapaz de fazer) uma excitação sexual que se transforma em angústia. Com essa angústia, tem medo de que os empregados pudessem repetir o atentado e foge. (1895, p. 401).*

O exemplo pode ser considerado paradigmático de como Freud concebe, até esse momento, o recalque e o sintoma histérico.

Vejamos quais são os componentes desse caso:

1. Uma primeira situação, que segundo Freud inscreve-se no inconsciente, e que, no entanto, não possui em si mesma a capacidade de deflagrar qualquer tipo de sintoma quando aconteceu. Isso se deve a que a experiência, embora possuidora de um caráter sexual, acontece numa idade anterior à puberdade, quando a excitação e sua significação sexual não poderiam ser compreendidas (devemos lembrar que estamos num momento anterior à postulação da sexualidade infantil).

2. Uma segunda cena pós-puberal que adquire um sentido sexual, aparentemente sem relação com a anterior.

3. O vestido e o riso como elementos simbólicos e de mediação que permitem a conexão de uma cena com a outra.

4. A lembrança é capaz de despertar um afeto que como acontecimento não havia despertado, segundo Freud, a alteração da puberdade possibilitou outra compreensão do recordado.

Diz então Freud:

> *Pois bem; este caso é típico para o recalque na histeria. Descobrimos que é recalcada uma lembrança que só com efeito retardado* nachträglich *se transforma em trauma. A causa deste estado de coisas é o retardo da puberdade com respeito ao restante do desenvolvimento do indivíduo. (1895, p. 403).*

Sabemos que, com a descoberta da sexualidade infantil e com a ênfase posterior dada por Freud à fantasia, muitos elementos da explicação aqui proposta cairão por terra, no entanto, muitos deles não só permanecerão, como serão essenciais para a compreensão da noção de inconsciente, bem como para a concepção de temporalidade em psicanálise. Assim, procurarei identificar alguns elementos presentes nesse esquema que irão constituindo o campo do infantil. Alguns elementos aqui discutidos têm origem na leitura dos seminários de Laplanche (1980), *La sexualidad*, embora sua preocupação naquele texto não estivesse diretamente voltada para nossa perspectiva.

Em primeiro lugar, é extremamente relevante destacar que Freud não vai atribuir poder traumático propriamente dito nem à primeira experiência, nem à segunda isoladamente, mas à lembrança, na medida em que essa, por seu estatuto inconsciente, é capaz de tornar-se presente mediante seus representantes. Isso demonstra que a descarga afetiva não advém, como pode parecer superficialmente, da segunda situação, mas sim de seu elo com a lembrança inconsciente. "O efeito da posterioridade não deveria mais ser visto como um fenômeno parasitário: vem ao encontro da vacuidade inscrita no interior de toda vivência inicial, na medida em que esta se impõe como desconcertante." Monique Schneider[11] aponta, na mesma direção que Laplanche, o potencial enigmático das primeiras inscrições.

Em segundo lugar, o que é realmente significativo quanto ao modo de funcionamento do psiquismo é a coexistência temporal do presente e do passado, na qual o presente deixa de ser presente na medida em que é vivido e experienciado a partir de outro lugar (temporal e espacialmente falando) e o passado não é somente evocável, mas potencialmente eficaz. Mas de onde advém sua eficácia no presente? A inscrição não metabolizada possui um poder de transferência para o presente. É condição de possibilidade que detona em determinada experiência. Isso subverte qualquer tipo de cronologia temporal. Se nos *Estudos sobre a histeria* Freud se mostra interessado num modelo que vai do superficial ao profundo, como camadas depositadas uma sobre as outras, seu próprio modelo da *nachträglicheit* o faz abandonar sua intenção. Pois só não *a posteriori* será possível reconstruir o sentido da representação latente. Trata-se da metáfora do "corpo estranho" agindo no interior do aparelho psíquico. Para nos mantermos no registro da temporalidade, trata-se de uma verdadeira "bomba-relógio" dentro do sujeito.

Tornemos o modelo mais concreto a partir de uma situação clínica. Um paciente queixa-se na sessão da sua falta de recursos, de sua incapacidade. Conta posteriormente que no final de semana

---

[11] Schneider, Monique. (1991). *O tempo do conto e o não tempo do inconsciente.* São Paulo: Departamento de Psicanálise do Instituto Sedes Sapientiae, p. 26.

visitara um amigo muito bem-sucedido, que comprara uma nova casa. O que nos interessa aqui não é uma abordagem da inveja, mas uma situação que opera em três tempos. T_3, presente da sessão, T_2, visita ao amigo, T_1, tempo no seu registro inconsciente.

A hipótese é que T_2 afeta T_3 por um efeito *a posteriori* de T_1.

O que queremos dizer é que, se o paciente desconsidera seus próprios recursos, isso está vinculado a uma disposição inconsciente de fazê-lo, que pode emergir graças à situação desencadeante da visita ao amigo, mas esse modelo já anuncia aspectos da temporalidade que discutiremos nos últimos capítulos.

Laplanche (1980, p. 87) diz que o esquema é ao mesmo tempo sincrônico, porque permanentemente está presente na cena com o padeiro, que é reativada a cada vez que Ema vai a uma loja, e diacrônico, na medida em que se trata, em suma, de momentos que aconteceram afastados no tempo. Essa é a condição do recalque para Freud, assim como também seu modelo terapêutico. Como falava no início do capítulo: levantar as barreiras do recalque para permitir a emergência da lembrança e com ela a possibilidade de ligar o afeto não ab-reagido, transformado em angústia ou objeto de uma conversão.

Em terceiro lugar, são os afetos amarrados à sexualidade que conferem toda a intensidade a essas experiências, no momento ligado a uma decalagem entre a criança inocente e o adolescente. Tentaremos aprofundar posteriormente como, mesmo quando Freud introduz a sexualidade infantil, o outro confere a ela um signo.

A teoria da sedução cai. A carta mencionada anteriormente apresenta alguns argumentos: trata-se principalmente da descoberta da fantasia inconsciente, dos desejos edípicos que começam a entrar em cena, enfim, da postulação feita por Freud de uma realidade psíquica ao lado da realidade material. A partir de agora a sexualidade e o regime de funcionamento do inconsciente dominarão a cena. A teoria da sedução é abandonada, mas muitos de seus problemas permanecem em aberto. Freud os retomará em várias oportunidades, nos adendos aos *Três ensaios sobre a sexualidade*, no caso do *Homem dos lobos*, em *Inibição, sintoma e angústia*, *Análise terminável e interminável*, *Moisés e o monoteísmo*, enfim, uma série de trabalhos nos quais se preocupa em estabelecer as conexões entre a realidade psíquica por ele postulada e a realidade material.

2.3. O desejo subverte a lembrança

Vamos então a uma breve passagem pela metapsicologia dos processos oníricos, pois lá encontraremos elementos que fundamentam conceber o sonho como um modo particular de objeto mnêmico, como propõe Green. Na teoria da sedução, como analisamos anteriormente, Freud tenta atingir a lembrança recalcada e dessa forma compreender e eliminar seu poder traumático. A partir de 1897 seu interesse dirige-se para as fantasias e para o desejo inconsciente.

O trabalho sobre as lembranças encobridoras (1898) já promove tal passagem. O ocultamento é a deformação que leva à construção de lembranças que funcionam como cobertura: equivale a um desejo de evitar o desprazer. Desejo que, como sustenta na *Interpretação dos Sonhos*, é de natureza infantil e sexual (embora na obra citada ele ainda não assuma explicitamente a questão da sexualidade infantil). Estamos com todos os ingredientes que levaram Freud a construir sua primeira tópica e a teoria do método terapêutico. Sem dúvida, memória e desejo ocupam aqui um lugar privilegiado. Memória que deverá progressivamente deixar de ser compreendida no enfoque linear da percepção, registro e evocação. Freud vai mostrar como o esquecimento ou a lembrança não são gratuitos. Eles acontecem em função do conteúdo e da vinculação desse com o circuito prazer-desprazer.

Assim percepção e memória deixam de ser consideradas como funções objetivas, pois sua vinculação ao princípio do prazer as associa ao movimento dos desejos inconscientes. Esse tipo de articulação revoluciona a concepção tradicional de memória, pois, como dirá nos *Três ensaios sobre a sexualidade*, o esquecimento das lembranças da primeira infância não é gratuito: deve-se a que a sexualidade infantil sucumbe ao recalcamento. A memória, ou pelo menos um aspecto dela, fica submetida ao registro do processo primário no contexto de uma temporalidade não-linear. Nela, conhecemos pouco o sentido do passado ou do presente. Nesse, os mecanismos de condensação e deslocamento são capazes de criar as mais bizarras realidades, oníricas, delirantes. Nessa nova ordem inconsciente, que lugar restaria para a recuperação das lembranças, para o preenchimento das lacunas da memória? Ora, dirão os leitores mais apressados, o que nos resta da memória é que talvez fosse melhor esquecermos dela e ocuparmo-nos apenas do desejo. Afinal de contas não possuímos nenhuma garantia de que aquilo que ela possa nos oferecer não passe de uma construção fantástica. Solução tentadora, no entanto, para Freud, privilegiar a fantasia e o processo primário não significa necessariamente abandonar o trabalho com as lembranças. Tampouco se trata, a nosso ver, de uma cega obstinação em encontrar uma base material. Mas, a partir da nossa perspectiva, Freud funda o desejo na relação com o outro.

Avancemos mais um pouco na direção da vinculação entre memória e desejo. Tomemos para iniciar a discussão a ideia de desejo que Freud nos oferece no Cap. VII da *Interpretação dos Sonhos*. A criança faminta chorará até que uma presença externa possa satisfazer suas necessidades; só assim, diz Freud, sobreviria uma mudança. A vivência de satisfação cancela o estímulo interno.

> *Um componente essencial desta vivência é o surgimento de uma certa percepção cuja imagem mnêmica fica, daí em diante, associada ao traço que deixou na memória, a excitação produzida pela necessidade. Na próxima vez em que ela aparecer, graças ao enlace assim estabelecido, suscitar-se-á um movimento psíquico que investirá novamente a imagem mnêmica daquela percepção e produzirá outra vez a mesma percepção, vale dizer, na verdade, reestabelecerá a situação inicial. Um movimento desta índole é o que chamamos desejo; a reaparição da percepção é a realização do desejo, e o caminho mais curto para esta é o que leva da excitação produzida pela necessidade até o investimento pleno da percepção.*[12]

Dessa forma, conclui Freud, o desejar culminava no alucinar. Esta primeira atividade psíquica aponta então para uma identidade perceptiva, ou seja, repetir aquela percepção que estaria enlaçada com a satisfação da necessidade.

A citação é paradigmática da noção de desejo para a psicanálise, pois não só indica o momento fundante do desejo, como também alude ao importante papel desempenhado pela memória na constituição dele. O desejo se constitui como desejo memória, a memória é matéria da condição desejante. Nesse modelo, tempo e espaço desaparecem. A identidade perceptiva visa restituir um momento irrecuperável. No entanto, a memória a serviço da compulsão à repetição é capaz de recriar alucinatoriamente um estado de identidade perceptiva, ou de viver situações presentes em função do modelo infantil. Mas não só para a experiência de satisfação o modelo é proposto, o mesmo modelo que marca as experiências

---

12 Freud (1900/1986, p. 557).

de prazer fixa inexoravelmente as vivências de desprazer. O terror diante de algo externo suscita desordenadas e caóticas tentativas de subtrair a experiência à percepção e evitar a dor. Essa primeira tentativa de afastamento da lembrança prazerosa proporciona, diz Freud, o primeiro modelo do recalque. Assim Freud funda dois sistemas: o primeiro, que visa repetir o prazer a qualquer custo, e o segundo, cujo objetivo é evitar o desenvolvimento do desprazer. Ambos os sistemas possuem registros mnêmicos próprios, sem os quais não teriam existência. Conclui Freud:

> *Agora bem: entre estes movimentos de desejo indestrutíveis e não inibíveis que provêm do infantil, encontram-se também aqueles cuja realização entra numa relação de contradição com as representações-meta do processo secundário. A realização de tais desejos já não provocaria prazer, mas desprazer, e justamente esta mudança de afeto constitui a essência do que chamamos de recalque. Averiguar os caminhos e as forças pulsionais em virtude das quais pode operar-se esta mudança, nisto radica o problema do recalque. Freud (1901, p. 593).*

Podemos sustentar, pelo dito acima, que memória e desejo não são variáveis independentes no psiquismo, constituem-se numa relação de interdependência. A partir do princípio do prazer é possível afirmar a existência de movimentos restitutivos, no sentido de repetir experiências satisfatórias, e de movimentos evitai-vos, ou seja, que afastam as percepções capazes de suscitar desprazer.

É bem conhecida por todos aqueles que se ocupam do fazer psicanalítico a importância que Freud outorgou ao processo de recalcamento, e não poderia ser diferente, pois é ele que lhe permite estabelecer a vinculação entre os movimentos psíquicos, encontrando um ordenamento possível e uma hipótese clínica que tornam compreensível, pelo menos em parte, o processo de formação dos sintomas na neurose, dos sonhos, do lapso, do esquecimento e de outras formações do inconsciente. Não nos interessa aqui aprofundar todo o regime de funcionamento da primeira tópica.[13] Mencionaremos apenas que, graças à intelecção do processo primário, da livre mobilidade da energia psíquica pelo deslocamento e pela condensação, torna-se inteligível o processo de constituição de formações psíquicas totalmente bizarras para a consciência racional.

Foram esses processos que fascinaram os surrealistas, escritores que viam na escrita automática a possibilidade de deixar irromper, como nos processos oníricos, as verdades do inconsciente. O aspecto do inconsciente como irrupção fascinante de um universo pulsional, como o verdadeiro lugar do sujeito em contraposição à mascarada consciência ou ego, será analisado no próximo parágrafo, a partir do eixo da regressão. Tal noção opera a articulação entre os pares memória-temporalidade e desejo-pulsão.

2.4. A metáfora geológica

Freud sustenta que o sonho é um ato psíquico pleno de sentido: comporta um movimento de desejo infantil e um trabalho onírico. Ele fascina justamente por sua composição na maioria das vezes

---

13 Isso alongaria demais nosso percurso e, como diz um antigo ditado, "muitas árvores fazem perder de vista a floresta". Luiz Alfredo Garcia-Roza (1983), em *Freud e o inconsciente*, e Renato Mezan (1982), em *Freud: a trama dos conceitos*, oferecem leituras muito ricas e abrangentes sobre esta temática que nos auxiliaram em nossa compreensão. Por nossa parte, continuaremos rastreando aspectos específicos voltados para a memória.

ininteligível para nossa consciência. Sua figuração surpreende, espanta e desafia. Para compreender a riqueza e a complexidade do modelo regressivo proposto para o sonho, devemos ter em mente que para Freud o psiquismo segue um modelo de estratificação. Recorrendo à arqueologia ou à geologia, encontraremos inúmeras oportunidades de alegorias pregnantes para suas tentativas de abstração.

> ... O sonhar em seu conjunto é uma regressão à condição mais primitiva do sonhador, uma reanimação de sua infância, das pulsões que então o governaram e dos modos de expressão de que então dispunha (Freud, 1900/1986, p. 542).

O sonho se revela, aos olhos de Freud, como uma atualização dos desejos mais primitivos do sonhador, como um cenário no qual aparecerão encenadas as vicissitudes de uma trama conflitante valendo-se de recursos expressivos (figuração, justaposição, contiguidade, condensação, deslocamento etc.) que, ao abolir a temporalidade, fundem no ato do sonhar o arcaico com o presente.

Esta irrupção do desejo infantil coloca inúmeras questões, tanto sobre as condições de sua emergência como sobre seu destino. As primeiras dizem respeito ao funcionamento do aparelho psíquico; as segundas àquilo que Freud denominou de "destinos da pulsão".

Monique Schneider, em *Metáforas geológicas e figurações do psiquismo*,[14] vai analisar o impacto das descobertas geológicas na compreensão dos processos e dos espaços psíquicos.

---

14 Texto traduzido por Cecilia Orsini, mimeografado pelo Departamento de Psicanálise do Instituto Sedes Sapientiae. (Não achamos a referência original).

A autora alude a dois modelos de acontecimentos geológicos: plutoniano e netuniano. Ao primeiro, correspondem movimentos centrados na ação do fogo, de forças que irrompem com extrema violência; ao segundo, corresponde um movimento de superposição de camadas, movimento sedimentar. Monique Schneider[15] introduz em primeiro lugar um projeto racionalista, para depois mostrar seu fracasso:

> *Quer se trate da infância, da edificação de uma casa, de uma cidade, ou do acesso ao conhecimento e ao domínio da natureza, o projeto se enuncia sempre da mesma maneira: colocar por si mesmo a primeira pedra, não se apoiar em nenhum estágio preexistente, sobre nenhuma forma de subsolo. Só este único gesto de ruptura é capaz de inaugurar o advento de uma construção racional, que visa em si mesma encontrar sua própria origem. Schneider (s.d., p. 6).*

O sonho, o delírio, o sintoma são manifestações de forças tectônicas oriundas de um magma antigo, que a razão até então pretendia ignorar ou confinar. Freud desmistifica a consciência racionalista. Mas sua proposta vai além, pois visa superar os dualismos que o cartesianismo colocava: mente-corpo dentro. Razão--desrazão fora. A tese que a autora nos apresenta é extremamente interessante, pois alude a um movimento que, mesmo questionando radicalmente o ideal racionalista, permanece aprisionado nos mesmos dualismos quando sustenta o ideal do irracionalismo. Vejamos então o que ela nos propõe. O modelo geológico destrói uma concepção cíclica do tempo, inaugurando uma temporalidade

---

15 Monique Schneider – psicanalista francesa cuja obra é dedicada a uma análise psicanalítica dos escritos freudianos extremamente rica e muito independente no seu percurso.

histórica que pode aparecer, diz a autora, como "origem continuada". Assim:

> *O interesse da geologia, a partir do momento onde a estratificação das camadas do terreno pode aparecer como resumo da história, é então trazer uma espécie de confirmação histórica do ser. A terra pode ser então apreendida como um paradigma daquilo que no seu ser, no nível psíquico e histórico, se cria por "sucessão de tempo", numa série por vezes descontínua de pressões, de movimentos de sedimentação de erupção'; vista assim, a Terra aparece não apenas como cenário da aventura humana, mas como partícipe da sua história, guardando nela, sob forma fossilizada, os estigmas dos estágios passados.* Schneider (s.d., p. 8).

A memória – em toda sua complexidade, como tentamos mostrar – guarda consigo a capacidade de resgatar o tempo da história. Não como um tempo passado, mas como um tempo inscrito nas entranhas do atual. O modelo metapsicológico do sonho coloca o movimento regressivo não como uma volta ao passado, pois essa seria uma leitura ingênua, de pouco alcance. Alude à força sísmica de um infantil que se recusa a ser esquecido e se coloca perante a consciência como a Esfinge ante Édipo. Não há fuga possível: ou a submissão ou a árdua tarefa de tentar se apropriar do próprio destino, que sabemos de antemão ser impossível.

Destino de Sísifo, que muitos leitores de Freud insistem em esquecer quando se pretende tomar a parte como o todo da obra, resgatando um método interpretativo e menosprezando as forças telúricas. Recorremos novamente a Schneider, seguindo sua argumentação. Existem aqueles, diz a autora, que ante o fracasso da razão experimentam uma confiança ilimitada nos poderes que estariam além do domínio do racional. Visão que instaura uma bipartição no psiquismo entre profundo e superficial, ao que fazem corresponder, num segundo momento, as categorias de autêntico e inautêntico.

A superfície egoica é o lugar onde o magma se solidifica, cristaliza, "esmaga e recobre as camadas verdadeiramente dinâmicas". Esse recurso maniqueísta que no campo psicanalítico vê nas instâncias desenvolvidas por Freud a possibilidade de estabelecer uma axiologia, como se a essência do humano estivesse ora no desejo, ora na adaptação egoica à realidade, ora na integração. Parecem perder de vista a noção de conflito, paradoxo da existência que inúmeras vezes Freud demonstrou ser irredutível.

Basta lermos com atenção *Análise terminável e interminável* (1937a), para notar a insistência de Freud na irredutibilidade do conflito pulsional com as instâncias ideais e nas dificuldades inerentes às falhas severas na constituição do ego. Assim, vemos que a hipótese plutoniana, tão divulgada não só por alguns psicanalistas, mas principalmente por muitos que sustentam um modelo irracionalista, que propugnam um paraíso na terra regido pelo desejo, está distante do inconsciente freudiano e de sua noção restituída do desejo. Seria *wishful thinking* pensar o desejo freudiano como puramente progressivo. Complementa Schneider (1991b, p. 28):

> *Freud compara o sonho ao processo análogo à operação realizada pelas sombras da Odisseia, que bebiam o sangue dos vivos para voltar à vida. Este vampirismo de existências mortas não opera apenas no sonho, mas também na experiência diurna: toda vivência constituiria uma repetição que tem por finalidade dar vida a uma vivência fantasma, a uma vivência oca, incerta*

> *dos seus contornos e de sua ossatura; a repetição teria então o sentido que tem no teatro: o sujeito repetiria indefinidamente uma cena para um auditório vazio, para que aconteça enfim uma verdadeira estreia.*

Dificilmente podemos resistir ao impacto da metáfora, impacto que nos remete ao cenário da clínica. A ideia freudiana implica numa transformação da relação com o infantil, como discutiremos no último capítulo deste trabalho. Desse modo, vemos como Freud se coloca próximo ao modelo netuniano. O movimento freudiano em direção ao originário visa uma perfuração de rochas para encontrar os momentos de cristalização da perda de mobilidade e de estagnação. A constituição, diz Freud, não é senão o sedimento de uma experiência anterior. Mas não é em busca de fósseis que a experiência psicanalítica nos conduz, e sim ao próprio movimento de escavação, do trabalho da interpretação e elaboração, em que se descortinam as forças encobertas que, a partir de caminhos desidentificatórios, podem talvez encontrar vias de sublimação, permitindo escolhas objetais menos estagnadas. É na confluência do plutônico com o netuniano que a teorização freudiana parece situar-se.

Na medida em que Freud desenvolve sua concepção de fantasia e que a sexualidade infantil passa a ser reconhecida, a ideia de regressão ganha muito mais força. Sexualidade infantil que não é compreendida como fases cronológicas de desenvolvimento, e sim como modos singulares de organização da pulsão face ao objeto.[16]

---

16 Existe uma tendência a compreender a sexualidade infantil como fases de desenvolvimento oral, anal, fálica, genital. Embora Freud por momentos as coloque sequencialmente, sempre aludiu ao fato de serem modos de organização da pulsão. Esse ponto é muito mais privilegiado na sua obra que o desenvolvimentista.

Vamos ilustrá-la por meio de material clínico. Expressamente utilizarei o caso de uma criança, por duas razões. Em primeiro lugar, para podermos observar que quando falamos em infantil não nos referimos à criança, ou seja, falamos dos processos inconscientes que supomos terem lugar tanto na criança como no adulto (embora na criança, dependendo do momento, possamos falar de um sujeito em constituição).[17] Em segundo lugar, para ilustrar numa demanda sintomática o processo longamente exemplificado por Freud no sonho.

Evitarei dados familiares a não ser os que permitem dar sentido ao sintoma. P. é um menino de sete anos, filho de pais separados desde seu nascimento. Mora com a mãe desde então. Sou procurado por um sintoma que apareceu depois de P. conhecer seu pai e passar a conviver mais de perto com ele. P. tem um tique no olhar e só evacua as fezes quando está com o pai, uma vez por semana, ou, às vezes, em intervalos maiores. Na sua primeira entrevista, P. traz um pote com um material gelatinoso (geleca) e a primeira coisa que diz é: "Tó, segura", jogando a geleca na minha mão. Não pretendo discutir aqui a intervenção analítica neste caso, que também envolveu um trabalho com a família. Interessa-me expressamente comentar o sentido regressivo do sintoma em relação à evacuação, sentido que pôde ser construído no decorrer da análise.

Como podemos pensar o sintoma de P., principalmente após o aparecimento do pai?[18] Sem dúvida emerge neste momento uma

---

17 Silvia Bleichmar (1986), em *A origem do sujeito psíquico*, vai discutir amplamente a questão do sujeito em constituição em contraposição a um sujeito dado desde a origem. Trata-se de um tema fundamental para a psicanálise de crianças, mas que não deixa de sê-lo também para a de adultos na medida em que lidamos com os efeitos inerentes à singularidade de cada modo de constituição. Voltaremos a esse assunto ao discutir os aspectos genéticos em Psicanálise.
18 O pai entra em cena mais ativamente depois de o paciente fazer quatro anos.

crise identificatória, que põe em questão os modelos construídos com os quais P. lidava com a realidade. A modificação dessa situação lhe coloca novas demandas, para as quais não tem respostas imediatas, a não ser um primeiro movimento ambivalente em relação ao pai. Por um lado, a tentativa de aproximação, o medo de perdê-lo novamente; por outro, a raiva, o ressentimento, a não compreensão da sua própria origem. O sintoma de P. pode ser compreendido como uma tentativa de controlar aquilo que foi vivido passivamente. P. inverte a relação: é ele quem controla agora (ilusoriamente) a presença e a ausência do pai. Mas o faz por meio de um mecanismo regressivo que lança mão de um recurso de controle, quando lhe parece não ter forças para conviver com a situação sísmica em sua vida. Em nosso primeiro encontro, P. oferece-me sua geleca, convida-me a participar de um jogo em que talvez ele possa refazer seu percurso identificatório e as vicissitudes da presença e ausência possam ser analisadas em relação a seus movimentos de intensas investidas amorosas, aos fantasmas de um abandono que deixara marcas inapagáveis.

Nas *Conferências Introdutórias à Psicanálise* de Freud (1916--1917), especificamente nas conferências 22 e 23, há umas das mais detalhadas discussões de Freud sobre o caminho da formação dos sintomas e o papel da regressão. Nelas, a tentativa é de integração dos aspectos tópicos e dinâmicos construídos na metapsicologia do sonho com a teoria da sexualidade infantil e as noções de fixação da pulsão. Freud monta um esquema para ilustrar sua hipótese sobre a etiologia da neurose, no qual a constituição sexual mais o vivenciar infantil geram a predisposição à fixação libidinal. São justamente esses elementos que, face a uma situação desencadeadora, puderam acionar o mecanismo regressivo. Diz Freud (1916-1917): "Criam então um substituto para a satisfação frustrada; fazem-no por meio de uma regressão a épocas anteriores, a qual está indissoluvelmente ligada ao retrocesso a estádios anteriores do desenvolvimento na escolha do objeto ou na organização"[19] (p. 333).

Aqui nos reencontramos com aquela dimensão geológica da qual falávamos anteriormente. As experiências infantis, organizadas pelo princípio do prazer, formam um estrato de realidade psíquica, modeladora de fantasias inconscientes ativadas por forças pulsionais que, muitas vezes, no dizer de Freud, optam por um caminho de recusa da realidade e busca de uma satisfação regressiva, alucinatória e, na maioria das vezes, autoeróticas. Presentificasse, dessa forma, o funcionamento do processo primário: o infantil irrompe e imprime um modo de ação ou de não-ação que lhe é próprio, mas estranho à consciência do sujeito. Embora Freud fale em desenvolvimento, assistimos aqui à mais intensa negação da temporalidade, um submetimento tal esta outra realidade que permite a Freud enunciar: "... pouco a pouco, aprendemos a compreender que no mundo das neuroses a realidade psíquica é a decisiva" (1916-1917, p. 336). É interessante observar que, na medida em que ficam abolidos os registros de sequência temporal, de princípio de realidade, de não-contradição, tem-se a vivência de um encanamento do indivíduo pelo regime de funcionamento do inconsciente. No entanto, não podemos esquecer que o mesmo inconsciente possui um tempo de constituição histórico pulsional, sem o qual não poderíamos falar em seus efeitos. Será na medida em que P. puder refazer seu percurso identificatório que um reposicionamento face ao infantil poderá acontecer, possibilitando a emergência de um novo tempo que abandonaria algumas de suas satisfações substitutivas. Outras surpresas poderão ocorrer: não sabemos se P. ficará vacinado contra futuras regressões, mas acaso seria essa nossa expectativa?

---

19 Freud, S. (1916-1917) Los caminos de la formación de sintoma. In Conferencias Introdutorias. Psicoanálisis de Freud (1916-1917), AE Vol XVI *Psychoanal.*

Abrem-se aqui novas interrogações, pois, se o presente é capaz de acolher o passado não como lembrança, mas como atualização sintomática, isso conduz a investigar a memória regressiva no campo da repetição. Caminho que Freud cada vez se vê mais conduzido e ao qual alude no texto *O estranhamente familiar*:

> ... *a atividade psíquica inconsciente está dominada por um automatismo ou impulso de repetição (repetição compulsiva), inerente, com toda probabilidade, à essência mesma das pulsões, munido de poderio suficiente para se sobrepor ao princípio do prazer; um impulso que confere a certas manifestações da vida psíquica um caráter demoníaco.*

Antes de abordar esse assunto, devemos tratar de um tema que até o momento temos adiado: a relação da memória com a constituição da fantasia.

3. O reino do imaginário

3.1. A hibridez da fantasia

Abordar a questão da fantasia é talvez penetrar no mais íntimo da experiência subjetiva e, ao mesmo tempo, no cerne da experiência psicanalítica. As relações entre fantasia e pulsão, fantasia e memória, fantasia e acontecimento permanecem obscuras e controvertidas. Dada sua importância, são diversas as posições que face a elas os analistas sustentam. Já são clássicas as discussões entre analistas kleinianos e freudianos a respeito do estatuto da fantasia e da sua relação com a pulsão. O 23º Congresso Internacional de Psicanálise, realizado em 1963, em Estocolmo, foi dedicado à questão da fantasia. Não surpreende a conclusão à qual Heinz Kohut, presidente do Congresso, chega: "Cada uma das contribuições foi importante em si mesma, e há muito a aprender delas. Não haveria melhor forma de concluir este simpósio que assinalando a convicção de que foi a totalidade das diferentes abordagens o melhor resultado deste encontro".[1]

---

1 Kohut, H. (1964). Simpósio sobre fantasia – alguns problemas de uma for-

Colocação quase óbvia para quem preside um simpósio no qual abordagens muito diferentes são apresentadas. No entanto, é insuficiente quando pensamos que essas concepções vão progressivamente delineando modos diferentes de conceber o processo psicanalítico, pois subjazem a elas diferentes abordagens sobre a constituição do sujeito.

No mesmo simpósio, foi apresentada a contribuição de Bénassy e Diatkine.[2] Em seu trabalho, apresentam uma classificação a respeito da ontogênese da fantasia que, embora não pretenda ser totalizante, parece-me de utilidade. Os autores propõem duas grandes divisões: na primeira, a fantasia seria expressão de instintos hereditários, que permanecem imutáveis.[3] A fantasia seria independente de toda ação do mundo exterior. No limite, dizem os autores, a concepção faz coincidir relação de objeto com fantasia. As mesmas causas desencadeiam os mesmos conflitos. Na segunda concepção, a fantasia é construída pelo psiquismo em sua constante interação com o meio. Ela é aprendida, construída por estruturas hereditárias e aquisições individuais. É construída pela memória de percepções e memória de fantasias anteriores. A linguagem lhe fornece estrutura para essas memórias e outorga uma dimensão social para essas percepções. As fantasias são mutáveis,

---

mulação metapsicológica da fantasia. *International Journal of Psycho-Analysis*, Estocolmo, 45: 199-202. p. 201.

2 Bénassy, M.; Diatkine, R. Simpósio sobre fantasia – alguns problemas de uma formulação metapsicológica da fantasia. *International Journal of Psycho-Analysis*, Estocolmo, 45: 199-202. pp. 171-179.

3 Nos últimos trabalhos de Freud, encontramos uma ênfase acentuada no conflito entre pulsões de vida e morte, e essa ênfase carrega de pessimismo sua concepção do projeto terapêutico. No entanto, abre uma brecha a partir da constituição do ego para aquilo que chama de domesticação das pulsões. Talvez tenha sido Pierra Aulagnier uma das analistas que mais longe conduziu suas investigações na direção do encontro entre o pulsional e o historicamente construído.

pois se originaram de relações de objeto e elas próprias são um tipo de relação de objeto entre outras. Segundo os autores, uma ou outra escolha pelo analista implicaria em modelos teórico-interpretativos diferentes. Segundo o primeiro modelo, interpretações sobre aspectos mais primitivos estariam disponíveis no repertório do analista desde o início, enquanto, no segundo modelo, as fantasias só poderiam ser construídas, na análise, agora do seu "desenvolvimento psíquico".[4]

Bem, embora datada, pois dificilmente encontraremos hoje analistas, mesmo de diferentes escolas, sustentando uma posição totalmente a-histórica da constituição da fantasia, essa classificação é interessante. Ela representa uma tensão que se desenvolvera no seio do movimento psicanalítico nos anos 1940-1950, no qual aconteceram as famosas controvérsias entre freudianos e kleinianos na Sociedade Britânica de Psicanálise. A descoberta por Klein das fantasias primitivas, a partir da análise de crianças pequenas, embora tenha enriquecido enormemente o campo de conhecimento inexplorado do psiquismo, levara muitos dos seus seguidores a excessos técnicos que desconheciam elementos mais organizados da experiência.[5] Não só isso, como também uma ênfase excessiva nos processos projetivos parecia ofuscar a importância da relação com

---

[4] Aqui tocamos um dos pontos mais significativos em relação ao originário, ora concebido como modelo, e nesse sentido organiza um campo de leitura dos fenômenos sem saturá-lo de significações preestabelecidas, ou uma reificação do modelo, em que a experiência imediata passa a ser uma réplica dele. Dizem Hermann & Alves Lima (1982, p. 14): "Outra falácia típica ao emprego irrefletido de modelos influi diretamente no trabalho clínico. Tendo por assentado que conhecemos os aspectos mais profundos da realidade psíquica, torna-se muito difícil reconhecer de imediato produções concretas e peculiares do paciente, valorizando o selo distintivo de cada história".

[5] Correndo-se o risco de uma infantilização do paciente, muito diferente da ideia de um "infantil" como núcleo do inconsciente como tentamos apontar com este trabalho.

o objeto externo. Na medida em que a fantasia é concebida como expressão direta da pulsão, resta pouco espaço para a participação da experiência na estruturação dela. Embora no clássico artigo de Susan Isaac, *Natureza e função da fantasia*, a autora conceda um espaço à realidade vivida, temos a impressão de que ela está num segundo plano, do mesmo modo que na leitura de algumas vinhetas clínicas nos primeiros trabalhos de Klein e seus seguidores. Num artigo, Spillius[6] (analista da escola kleiniana) analisa esses excessos e aponta as modificações no pensamento pós-kleiniano mais moderno, principalmente em função de ideias introduzidas por Bion, enfatizando a relação mãe-filho e a função do psiquismo da mãe na elaboração das angústias do bebê. Há a singularidade do pensamento de Winnicott, reconhecendo um espaço potencial que quebra a dicotomia tão enfatizada por Klein entre mundo interno e mundo externo. Dito isso,[7] cabe-nos explicar o porquê então de recorrer novamente a uma classificação que pareceria já ultrapassada. Na minha perspectiva, ela ainda está vigente, pois, mesmo que tenha diminuído o número de analistas que sustentam uma visão quase intensivista da fantasia, tem crescido o número dos que

---

6   Spillius, E. (1983). Some developments from the work of Melanie Klein. *Int. J. Psychoanal.*, 64: 321-332. Este artigo é muito interessante porque ela, como alguém fiel a uma escola, mostra como recolocação ante "excessos" o que nós poderíamos chamar de uma séria revisão de conceitos teóricos e clínicos a partir de alguns autores pós-kleinianos, como Rosenfeld e Bion.

7   A importância da contribuição de Melanie Klein ao pensamento psicanalítico e a riqueza de suas descobertas sobre os processos inconscientes não poderiam ser reduzidas a este breve comentário. Por razões inerentes ao desenvolvimento da exposição e extensão do nosso trabalho, reservaremos posteriormente um espaço no qual examinaremos algumas das suas colocações, sem, no entanto, pretender que elas se constituam num amplo trabalho comparativo. Nosso interesse está voltado para perspectivas em relação ao infantil e, como afirmamos na introdução, seria extenso demais para esse objetivo se propor a uma análise minuciosa de cada uma delas.

se colocam numa posição quase de "despulsionalisação" da fantasia. Fala-se então de padrões universais, mas não como um terreno sustentado por representações investidas pulsionalmente, assim, onde encontrariam então seu manancial inesgotável de energia psíquica representantes de desejos sexuais e destemidos moldados por uma história vivida? Vemos emergir tendências biologizantes que esvaziam a fantasia de sua raiz histórico-vivêncial.[8]

O estatuto da realidade empírico-factual, face à realidade psíquica, não deixa de ser pensado muitas vezes como obedecendo a uma dicotomia na qual realidade empírica se transforma em exterior e realidade psíquica em mundo interno, de modo a criarmos, a partir da linguagem, categorias que guardam entre si uma suposta relação de independência. Ora, se nossa preocupação está voltada para a tentativa de elucidação do modo pelo qual esta constituição do sujeito se atualiza na situação transferencial, assim como sua relação com o que chamamos de infantil, é necessário que abordemos a questão da fantasia inconsciente tanto no seu aspecto fenomenológico quanto na dimensão de seu engendramento. Nossa tentativa é de superar a dicotomia entre realidade e ficção. Cabe-nos investigar a fantasia, pois, desde o abandono da teoria da sedução, abriu-se espaço para o imaginário, mas Freud não parece nunca convicto de que esse imaginário pudesse ser concebido independentemente da realidade histórica.[9]

---

8 A nosso ver, tanto a postura que enfatiza o aspecto estrutural da fantasia como aquelas que visam fundá-la numa raiz biológica reduzem o pensamento freudiano, na medida em que menosprezam o aspecto histórico-vivencial.
9 É a problemática do traumatismo que se recoloca neste ponto, e que alguns analistas têm retomado, como Laplanche a partir do seu texto *Da teoria da sedução restrita à teoria da sedução generalizada*, ou Pierra Aulagnier a partir dos seus trabalhos sobre a violência primária. Também analistas ingleses, como Masud Kahan, seguindo os trabalhos de Winnicott e muitos outros.

Mas não é só esse o desafio para o psicanalista, pois a fantasia inconsciente coloca ainda o problema da sua enunciação, do sentido. Diz Hugo Bleichmar (1984, p. 161):

> *Se o fantasma não é pura imagem de uma boca mordendo, por exemplo, mas inclui a crença que o faz por vingança, de que não dará trégua ao sujeito, de que não haverá escapatória frente a ela, resulta que na sua constituição intervêm, além de imagens visuais, sensações cinestésicas, quinestésicas, táteis, auditivas ou gustativas, um mundo de crenças que lhe conferem sentido.*

A partir dessa perspectiva, parece-nos bastante improvável sustentar, em psicanálise, uma visão dicotômica entre interior e exterior. Pois, a não ser que concebamos a linguagem como uma estrutura inata no sujeito, a possibilidade do estabelecimento de um sistema de crenças, por mais rudimentar que seja, terá que necessariamente passar pelo contato com o outro.

Vemos, então, que a fantasia nos coloca um duplo problema: por um lado, sua relação com a pulsão, com o circuito prazer desprazer e a sexualidade; por outro, a questão da sua sintaxe, que nos remete à sua relação com a linguagem (processo secundário).

Resta-nos, embora apareça de modo extremamente nebuloso e impreciso, sua relação com o evento. Se considerarmos a ideia oriunda do senso comum, nada mais distante da fantasia que o evento, pois esse se referiria a alguma coisa da ordem do factual, enquanto a ideia socialmente aceita de fantasia é de uma criação imaginária independente. "É pura imaginação", "pura fantasia", dizem os leigos quando querem se referir à impressão de alguém que parece não estar levando em consideração a realidade empírica dos fatos. Mas há no raciocínio um elemento falho na sua própria constituição, na medida em que evento e fantasia não guardam entre si uma relação de exterioridade. Então, não se trata de fantasia presente com evento presente, pois a fantasia obedece, em parte, ao funcionamento do processo primário. Aqui reside a importância clínica de sua compreensão, pois, obedecendo ao processo primário, seu movimento de deslocamento investe os objetos. Vemos que a concepção de fantasia deve e impõe uma concepção solidária de transferência.[10]

Fantasia e sua relação com: memória, processo primário, pulsão, linguagem, transferência. Ante essa complexidade, não nos surpreende que Freud, em seu texto metapsicológico *O Inconsciente* (1915), as considere como seres híbridos:

> *Entre os derivados das noções pulsionais ics. do tipo descrito, existem aquelas que reúnem em si características contrapostas. Por um lado, apresentam uma alta organização, estão livres de contradição, aproveitaram todas as aquisições do sistema Csc., e nosso julgamento com dificuldade as distinguiria das formações deste sistema. Por outro lado, são inconscientes e incapazes de se tornarem conscientes. Assim, qualitativamente pertencem ao sistema Pcs., mas de fato, ao Ics. Sua origem permanece decisiva para seu destino. Devemos compará-las aos mestiços de diversas raças humanas, que em linhas gerais se assemelham aos brancos, mas deixam transparecer sua ascendência de cor por um ou outro traço chamativo, e por isso permanecem excluídos da*

---

10 Aqui a ênfase recai na compreensão dos dois movimentos indissociáveis, como nos mostra Le Guen (1982), apoio e *a posteriori*. Essa dialética entre o historicamente constituído e o atual permite compreender, sem dicotomizar, a singularidade da fantasia inconsciente.

sociedade e não gozam de nenhum dos privilégios daqueles. São dessa espécie as fantasias tanto dos normais quanto dos neuróticos, que temos identificado como etapas prévias da formação do sonho e dos sintomas, e que, apesar de sua elevada organização, permanecem reprimidas e como tais não podem devir conscientes. Freud (1915/1986, pp. 187-188).

Embora essa hibridez tópica possa preocupar face a um modelo de limites muito rígidos entre os sistemas da primeira tópica, já não seria tão alarmante no contexto da segunda. Essa hibridez resulta da própria estruturação da fantasia, que é produto de realidades heterogêneas, como a representação de coisa, a representação proprioceptiva, a percepção daquilo que não é o próprio corpo e a necessidade de sua organização pela representação de palavra. Uma vez aberta a problemática de seu estatuto, coloca-se a interrogação sobre a funcionalidade psíquica da fantasia. Se pensarmos, como Freud, que o aparelho psíquico não é dado desde as origens, mas que ele se constitui, podemos tentar compreender a partir do texto *Sobre os dois princípios do funcionamento mental*, Freud (1911), qual o papel outorgado na dinâmica psíquica à fantasia, e, a partir dele, entender melhor sua ambiguidade tópica.

3.2. A moeda neurótica

No rascunho M,[11] ainda em 1897, Freud, de modo bastante condensado, aponta tanto a constituição da fantasia como sua função: "As fantasias emergem de combinações de coisas vivenciadas e ouvidas, de acordo com certas tendências. Essas tendências têm

---

11 Ver Masson (1986).

o sentido de tornar inacessíveis a lembrança da qual provieram ou podem provir os sintomas" (1986, p. 248).

É surpreendente o grau de condensação dessa frase, que custou a Freud vários anos de trabalho para ser desenvolvida. Em primeiro lugar, Freud destaca dois elementos aos quais nos referimos no parágrafo anterior: "coisas vivenciadas", ou seja, alude à dimensão da experiência. "Coisas ouvidas", a nosso ver, privilegia a audição pela necessidade de outorgar à fantasia uma estrutura discursiva. Dessa forma, introduz Freud a dimensão da linguagem.[12] Mas na sequência da citação o autor nos fala de outro componente, "tendência". Ora, a tendência é o que poderíamos considerar o aspecto dinâmico da fantasia, sua função no aparelho psíquico, que, no contexto de suas ideias na época, é tornar inacessível a lembrança. Coloca-se, pois, a fantasia do lado da defesa[13] diante do desprazer. Temos que levar em consideração que Freud, nesse momento, se preocupa com o que anima o processo de repressão, dessa forma, encontra na fantasia inconsciente uma produção organizada, a serviço da defesa diante do desprazer.

Assim, a fantasia passa a ganhar um lugar preponderante na compreensão da formação dos sintomas:

> *O interesse de quem estuda a histeria abandona logo os sintomas para se dirigir às fantasias das quais procedem. A técnica psicanalítica permite, primeiro, inferir*

---

12 Posteriormente tanto Freud como Klein e Lacan darão ênfase ao registro visual da fantasia, sem por isso desconsiderar sua sintaxe. Por exemplo, uma análise ilustrativa é a que Freud (1919b) faz em *Bate-se em uma Criança*.
13 Se a fantasia figura a realização de um desejo, ela também é lugar de operações defensivas (Laplanche & Pontalis, 1977, p. 233). Esse tema foi mais desenvolvido pela escola kleiniana (Segal, 1975. Cap. 2). Também Hugo Bleichmar (1984), no capítulo "El fantasma y su determinación", tematiza o aspecto defensivo da fantasia dentro da obra freudiana.

> *a partir dos sintomas, essas fantasias inconscientes e logo fazer com que se tornem conscientes ao doente.* Freud (1897/1986, p. 143).

Nesse mesmo texto, Freud coloca a questão do sintoma histérico como compromisso entre desejos conflitivos ancorados em fantasias libidinais de caráter oposto. Embora nesse trabalho Freud relacione a fantasia com a sexualidade e com a formação dos sintomas, explicitará melhor sua visão sobre a função da fantasia em outro texto.

No trabalho sobre os dois princípios do funcionamento mental, Freud (1911) desenvolve suas noções sobre as consequências do princípio do prazer e da realidade para a estruturação do aparelho psíquico e suas funções. Resumo sinteticamente suas ideias, que se referem a tópicos já desenvolvidos em relação aos processos oníricos. A atividade psíquica tenta evitar realizações que possam suscitar desprazer, já que o processo primário inconsciente só visa o prazer. A ausência da satisfação esperada acarreta a tentativa de obter esse prazer por via alucinatória. Mas o registro da necessidade faz fracassar a tentativa alucinatória, impondo assim ao aparelho psíquico uma demanda de trabalho, a fim de representar a realidade para si mesma. Ao aumentar a importância da realidade exterior, o aparelho psíquico se vê levado a desenvolver novas funções para enfrentar essas demandas. A instauração do princípio de realidade configura para Freud o desenvolvimento de atividades da consciência egoica, atenção, memória, pensamento, capacidade de julgamento. No entanto, Freud afirmou que existe no organismo uma tendência escrava do princípio do prazer, que prefere aferrar-se às fontes de prazer de que dispõe, encontrando dificuldades em renunciar a elas.

"Ao estabelecer o princípio de realidade, um tipo de atividade do pensar cindiu-se; manteve-se afastada do exame da realidade e permaneceu submetida unicamente ao princípio do prazer. É o fantasiar, que começa com o jogo das crianças e, mais tarde, prossegue com os sonhos diurnos, que abandona o apoio nos objetos reais". Freud (1919/1986, pp. 226-231).

Nitidamente, coloca a fantasia como terreno que resiste ao adiamento do prazer. Veremos posteriormente como compreender isso à luz da segunda teoria pulsional. Mas, dentro da proposição feita nesse texto por Freud e no contexto da atividade autoerótica, satisfação pulsional e fantasia encontrariam uma certa coincidência. O aparecimento de uma demanda objetal para além do autoerotismo coloca em questão essa coincidência. Ao mesmo tempo que fantasia e pulsão sexual mostram-se aliadas, corre-se o risco de uma alienação da realidade para garantir o predomínio da omnipotência, num registro fantasmático que inibe o acesso à realidade. Freud fornece como exemplo desta vinculação da fantasia com o autoerotismo o ato masturbatório.

Há uma tensão entre ego-prazer e ego-realidade. A conclusão que Freud tira do modelo por ele proposto é bastante contundente:

> *O caráter mais estranho dos processos inconscientes (reprimidos), ao qual o pesquisador se habitua com grande esforço, vencendo suas próprias resistências, resulta inteiramente do fato de que, neles, o exame de realidade não determina nada. Mas a realidade do pensar equipara-se à realidade efetiva exterior, e o desejo à sua realização, ao acontecimento, assim como deriva-se do velho império do princípio do prazer. Por isso também é tão difícil encontrar fantasias inconscientes*

de lembranças que se tornaram inconscientes. Freud (1919/1986, p. 230).

Se o objetivo inicial do capítulo era estudar as relações entre fantasia e memória, encontramo-nos com essa citação de Freud em sérios apuros, pois, segundo ele, no terreno das neuroses devemos nos valer da moeda neurótica, no caso, a fantasia e a impossibilidade de discernir, diante do recalcado, lembrança de fantasia.[14] Ora, essa colocação não nos surpreende, na medida em que Freud, quando se refere à lembrança, o faz no registro da evocação. No entanto, se pensarmos, de acordo com a linha que norteia nossa leitura, que a própria fantasia se constitui também em relação ao vivido, podemos pensar que nela mesma e não alhures encontram-se as marcas de uma memória. Evidentemente não falamos de uma memória fotográfica do evento, mas de um conjunto de situações nas quais o sujeito teve de reagir sob a pressão de ver contrariado o princípio do prazer e foi levado a organizar uma resposta para a demanda que a pulsão ou a realidade lhe faziam. Estrutura e função carregam as marcas de uma história libidinal cujas pegadas a situação transferencial permite rastrear.

Dada a sequência que temos seguido, vou abordar com um pouco mais de atenção a relação entre fantasia e evento.

3.3. Robert e a superação da dicotomia fantasia-evento

São inúmeros os casos na literatura psicanalítica nos quais se estudam os sentimentos de ciúmes e os comportamentos regressivos

---

14 Freud alude aqui à onipotência da fantasia. O registro do imaginário só se concebe a si mesmo.

da criança por ocasião do nascimento de um irmão mais novo. Muitos desses comportamentos acabam se transformando em estruturas sintomáticas mais ou menos severas, conforme as possibilidades de elaboração da situação. Também conhecemos a relutância em muitos casais de terem um segundo filho, principalmente quando sofreram na sua própria infância com essa situação. Na minha experiência clínica já me deparei com muitas dessas situações. Isso me faz pensar no valor paradigmático que esse tipo de experiência encerra, e a partir dela pretendo iniciar nossa discussão sobre a fantasia, para, seguindo a classificação anteriormente citada, Green, tentar mostrar sua importância como objeto mnêmico. Lembremos também que essa situação do nascimento de um irmão mais novo é discutida por Freud em *As teorias sexuais infantis* (1908), e no caso do *Pequeno Hans* (1905), que trata da análise da fobia de uma criança de cinco anos. Esses textos fazem parte do período em que Freud se dedica ao estudo das fantasias ao mesmo tempo que pretende mostrar a seus contemporâneos sua descoberta da sexualidade infantil. Nesses trabalhos, Freud vai se aproximando progressivamente dos conteúdos universais das experiências infantis ligadas ao complexo de Édipo, assim como das fantasias que acompanham esse vivenciar: origem dos bebês, diferença entre os sexos, fantasias sádicas sobre o coito, que darão origem à postulação posterior das protofantasias (tema que discutiremos posteriormente).

Pretendo agora retomar algumas observações clínicas de Dolto (1984 [1947]).[15] No referido trabalho, a autora, pediatra e psicanalista, aportara algumas observações de seus próprios filhos e de outra criança por ocasião do nascimento de um irmão mais novo.

---

15 Texto de Françoise Dolto (1984): "A dinâmica das pulsões e as chamadas reações de ciúmes quando do nascimento de um irmão mais novo". In F. Dolto, *No jogo do desejo, ensaios clínicos*. Rio de Janeiro: Zahar.

Assistimos, graças à sua cuidadosa observação, a uma série de fenômenos regressivos acompanhados de comportamentos agressivos, brigas e birras por parte do irmão mais velho. A autora vai levantar algumas hipóteses sobre esses comportamentos e o que pode tornar essas situações mais ou menos patológicas.

Vou relatar uma dessas observações. Dolto recebe para consulta Robert, criança de dois anos "que apresentava distúrbios violentos de caráter e uma agressividade perigosa diante do irmãozinho de três meses". Robert, relata Dolto, vivia há três meses num conflito complicado pelas reações do ambiente: "Você é mau, ele é tão pequeninho. É feio ser ciumento, isso aborrece a mamãe".

A hipótese de Dolto, nesse momento, foi de que Robert não tinha condições de ab-reagir seu conflito de ciúmes. Não aceita a criança em análise, mas sugere à mãe que mude sua atitude, que, quando o visse em alguma atitude de hostilidade, fizesse uma fala "em negativo" quando as pessoas elogiassem o bebê do tipo: "é sempre ele que as pessoas admiram e, no entanto, ele não sabe fazer nada além de comer, dormir e sujar as fraldas". Também propôs que fosse oferecido a Robert um boneco. Dolto surpreendeu-se com o resultado de sua intervenção. Após poucos dias, há uma mudança no comportamento de Robert. Ele torna-se menos agressivo e passa a se interessar pelo irmão. Nos outros casos relatados, os fenômenos regressivos são diferentes, mas sempre há uma fala que opera uma transformação, reorganizando a experiência com o novo irmão. Diz Dolto:

> *O nascimento do irmão mais novo (qualquer que tenha sido a maneira como foi preparado) sobrevém como uma tempestade súbita no céu sereno em que o pai e a mãe, aliás o sol e a terra, serviam de referência inter-relacional para a verticalidade axial do mundo*

animado e inanimado, onde a criança se conhecia e garantia sua imagem do corpo. (1984, p. 108).

Esse momento coloca a criança face a face com sua vivência edípica, seus desejos incestuosos e a constatação da exclusão da cena primitiva. Essa experiência precipita a criança numa situação que mais cedo ou mais tarde será levada a enfrentar, mas cujos riscos são inerentes aos de toda saída edípica. Não é a vinda do irmão em si mesma que tem um efeito patógeno, mas ela coloca em jogo o sistema de identificações e o equilíbrio do interjogo pulsional que Robert tinha até então desenvolvido. Dolto conclui deste modo a avaliação de sua intervenção: "Se Robert tomasse o rumo de uma perversão ou de uma grave neurose narcísica, seria porque a perturbação de sua confiança com respeito aos adultos parentais teria minado as bases dos componentes principais do Édipo, que não mais podiam colocar-se".

Assistimos, com o trabalho de Dolto, a uma intervenção num dos momentos constitutivos da trama edípica de Robert. Sua intervenção foi capaz de reorganizar um comportamento que expressava a desordem e o caos em que tinha se transformado sua existência nesse momento. As palavras maternas anteriores à intervenção da analista reforçavam os sentimentos persecutórios de Robert. Isso nos leva a fazer um exercício de compreensão do que poderia ser a vivência imaginária de Robert, como a fala de sua mãe interagia com ela e que tipo de efeito teria essa intervenção sobre esse imaginário. Robert experimenta uma ameaça e a ela reage com os recursos que lhe são possíveis em função do seu grau de desenvolvimento psíquico. A fala da mãe encaixa-se em seu próprio sistema de inteligibilidade da situação e vem construir uma fantasia de perda, que só será redimida com o assassinato do irmão. A intervenção de Dolto propõe um outro lugar para o irmão de Robert: não lhe nega a existência, mas relativiza sua posição.

Essa intervenção não evita que Robert deva elaborar sua postura narcísica diante de seus objetos edípicos, mas permite que o processo possa acontecer sem se cristalizar numa posição catastrófica, que fixaria Robert numa tentativa perversa ou involutiva de garantir seu narcisismo a qualquer custo. Assim como a relação com o seio pode ser considerada como modelo do surgimento do desejo e do primeiro interjogo projetivo-introjetivo, o nascimento de um irmão também pode ser considerado, a nosso ver, paradigmático de um questionamento do narcisismo no contexto da triangulação edípica. Como tivemos oportunidade de observar, colocam-se em jogo os grandes temas inerentes à constituição do sujeito, à diferença dos sexos, à cena primária, à castração. Pensando na relação entre fantasia e evento, indiscutivelmente essa situação nos mostra a impropriedade de dissociá-los. O evento (advento de um irmão) ganha força na trama fantasmática que em torno dele se constitui, trama que só pode se constituir em relação ao vivido pelo sujeito como filho único investido pelo desejo materno. O poder combinado, que, devido às limitações às quais estamos sujeitos pela linguagem para descrever o fenômeno, chamamos de fantasma-evento, reorganiza o circuito pulsional a ponto de produzir uma regressão como tentativa de assimilar reativamente uma vivência ameaçadora. A esse respeito, diz Dayan (1985, p. 370):

> *Longe de se oporem simplesmente como interno e externo e, a fortiori, como subjetivo e objetivo, fantasia e evento estão, portanto, estreitamente ligados, não só nas origens da psicanálise, mas também na realidade do passado infantil, onde se distinguem enquanto aspectos complementares do processo em que se joga o destino do desejo. Este é sempre encenado pela primeira de acordo com o modelo temático da segunda e na antecipação da sua vinda ou do seu retorno. Correlativamente, a*

> *fantasia pura não tem mais existência – no sentido de uma produção psíquica independente de todo traço de evento perceptível ou de experiência vivida – do que o trauma pontual exógeno, onde a pura qualidade do evento escreveria uma marca específica e indiferente à realidade do desejo.*

Dayan fala de um movimento constitutivo da fantasia, tanto em relação à demanda pulsional quanto ao objeto externo. Ora, esse modo de conceber a fantasia terá importantes repercussões na concepção da situação transferencial (tema ao qual dedico o próximo capítulo).

A nosso ver, o que se coloca em jogo a partir dessa afirmação não é um modelo corretivo em que o afastamento da fantasia permitiria ao paciente ter uma visão mais acurada da realidade, o que implicaria em que alguém poderia, na situação analítica, dispor de uma lente filtrante entre realidade objetiva e fantasia. Trata-se de um modelo muito mais complexo e sutil de investigação da composição de um presente transferencial, no qual operam com toda intensidade os elementos constitutivos desse infantil.

O que nos interessa frisar é a importância que outorgamos ao modelo de constituição do imaginário para a compreensão do processo analítico, no qual, segundo a concepção que acabamos de desenvolver, o analista não terá um papel somente de receptor das projeções do analisando, mas, na sua condição de suporte da transferência, tanto a sua presença como a sua fala e estilo possibilitarão uma nova composição em relação ao infantil, não por eliminação ou superação desse, mas por uma nova organização diante dele. Teremos oportunidade de fundamentar melhor essa posição ao discutir a questão da transferência.

No entanto, o que a nossos olhos pode parecer claro encontra no desenvolvimento freudiano momentos de inflexão complexos, que suscitam novas aberturas, como procurar um para além das fantasias mais imediatas, elementos universais que transcenderiam a condição individual. O desenvolvimento das ideias de Klein, ao qual fizemos breve referência, evidencia outras aberturas para compreensão da fantasia: embora não a coloque como universal, ordena-a numa vinculação diferente daquela de Freud com a pulsão. Tanto a visão das protofantasias como a visão de Klein merecem ser abordadas, pois ambas colocam relativamente em xeque a citação de Dayan, aqui endossada a respeito da constituição do imaginário.

3.4. Urphantasien

Abordar a questão das origens é sempre delicado. Corre-se o risco de enveredar por becos sem saída ou por um primarismo sobre quem veio antes, o ovo ou a galinha. No entanto, assistimos, não só na obra de Freud, mas também na de analistas contemporâneos, a fecundas interrogações a respeito do originário.

Vários anos se passaram desde o já clássico *Fantasia originária, fantasia das origens, origens da fantasia* (Laplanche & Pontalis, 1988 [1985]). Nele, os autores, seguindo o que fora o movimento de retorno a Freud promovido por Lacan, mas com certa independência, investem numa tentativa arqueológica interpretativa da questão das origens em Freud. Hoje sabemos que um dos autores (Laplanche)[16] desenvolveu um trabalho ao longo de mais de 20 anos na exegese crítico-interpretativa da obra freudiana. Falando em 1985 de seu trabalho de 1964, diz ele:

---

16 Trabalho apresentado em forma de seminários e publicado com o título de *Problemáticas*.

Pelo menos, aceitamos o risco de reabrir e desenvolver no campo "sexual" da psicanálise a questão "infantil" das origens, questão que, se não possui direito de cidadania para o saber positivo, não pode deixar de assediar o pensamento do psicanalista e o do filósofo que tentam aqui caminhar na mesma cadência.

Sem dúvida, o tema das origens coloca questões de natureza filosófica e antropológica; mas, e acredito que por isso ela seja retomada por outros analistas,[17] como Stein, Aulagnier ou Le Guen, também discute temas que funcionam como parâmetros de referência para a clínica. Todo pensamento a respeito das origens não pode ser senão uma construção, situa-se num nível mais especulativo que o da teoria ou da própria clínica. No entanto, ele também opera na ordem de uma exigência, forçando o analista a se indagar sobre a natureza dos fundamentos que sustentam a sua clínica. Esse movimento levou Freud a afirmar que sem a especulação metapsicológica não avançaria nem um palmo. A hipótese freudiana das fantasias originárias, sedução, castração e cena primária obedece, na sua obra, à tentativa de encontrar um mais além das fantasias individuais. Não se trata da sedução concreta por um adulto, mas também não é uma fantasia de sedução. Há no pensamento de Freud a ideia de um núcleo originário inconsciente, filogeneticamente herdado. Algo que Freud compara ao instinto nos animais. Essa concepção sempre teve algo de bizarro aos ouvidos dos analistas, que pretendiam constituir um saber baseado em dados clínicos. No entanto, a postulação freudiana tem que ser compreendida no nível daquilo que ela visa responder.

O postulado freudiano de lidar indistintamente com a realidade material e com a realidade psíquica suspende o julgamento

---

17 Mezan (1991).

de realidade para permitir a investigação dos determinantes inconscientes em jogo. Ora, ante um pensamento que parece forçar demais a nossa credibilidade, não deveríamos, antes de aceitá-lo ou rejeitá-lo, indagar-nos sobre as forças que o animam? No texto referido, Laplanche e Pontalis apontam como a temática das fantasias originárias reporta-se sempre à origem, vale dizer, tematizam mitos sobre a origem.

> *Fantasias das origens: na cena primitiva, é a origem do indivíduo que se vê figurada; nas fantasias de sedução, é a origem, o surgimento da sexualidade; nas fantasias de castração, é a origem da diferença entre os sexos... dá-se na cena da fantasia o que origina o próprio sujeito.* Laplanche & Pontalis (1988 [1985], p. 61).

São as perguntas sobre as origens das teorias sexuais infantis que se articulam no contexto da trama edípica e, nesse sentido, Freud infere que transcendem a dimensão individual. Mas elas não foram criadas ex-nihilo; desde *Totem e tabu*, Freud as fará remontar a uma origem histórica: esses eventos teriam realmente acontecido na origem da humanidade. Na visão de conjunto das neuroses de transferência, Freud reafirma essas hipóteses, aliando-se às especulações de Ferenczi sobre as diferentes eras geológicas e sobre os efeitos provocados por elas na subjetividade humana.

Se a ideia de fantasias primordiais cuja universalidade Freud sustenta já choca, sua origem pré-histórica parece mais difícil de aceitar como explicação. No entanto, isso é importante para Freud, na medida em que tenta ancorá-las numa experiência, num evento. Reproduz aqui, no nível do universal, o que descobre na sua clínica com os pacientes neuróticos e o eleva a um estatuto de universal sobre a constituição da subjetividade humana. Pode nos surpreender com a ousadia desse procedimento e, mais ainda, se, na discussão do caso do *Homem dos lobos*, quando o que aparentemente está em jogo é a reconstrução da cena primária do coito entre os pais a partir da interpretação do sonho, Freud declara:

> *Afirmo que a influência da infância já se fez sentir na formação inicial da neurose co-determinando de maneira decisiva se o indivíduo fracassaria – e em que ponto – no domínio dos problemas reais da vida. Logo, o que está em discussão é o valor do fator infantil. (1918, p. 52).*

Sabemos que esse trabalho foi escrito no contexto das discussões com Jung, que questionava as ideias de Freud a respeito das fantasias sexuais infantis, afirmando que sua natureza era retrospectiva. Freud tenta, a qualquer preço, mostrar na reconstrução interpretativa do sonho que seu paciente realmente presenciara o coito paterno ou, numa segunda versão acrescentada após as formulações sobre as fantasias originárias, que o paciente teria presenciado um coito entre cachorros e, a partir dessa situação, teria construído uma fantasia sobre a cena primária.

Aparentemente temos duas linhas de raciocínio contraditórias: por um lado enfatiza o fator da vivência infantil contra a ideia de Jung acerca da fantasia retrospectiva; por outro sustenta a noção de protofantasia como elemento originário transindividual. Existe aqui uma aparente contradição, pois a necessidade de refutar as ideias de Jung força a argumentação freudiana a pontos que até o momento não se encontravam desenvolvidos e a conduzem a uma de suas formulações mais importantes.

Embora o recurso filogenético possa ser questionado, as fantasias originárias apontam para uma dimensão mais estrutural do psiquismo, para o lugar do homem como ser inserido numa cultura, enquanto a dimensão do fator infantil aponta a sua dimensão singular e única.

Tudo isso, embora pareça adquirir uma configuração menos arbitrária, deixa muitos pontos em aberto, pois tanto a noção de infantil, com a qual Freud opera nesse momento, como a noção de fantasias originárias obedecem a uma visão ainda dicotômica, como assinalamos no início do capítulo, entre acontecimento e fantasia. A noção de fantasias originárias acabou conduzindo a dois movimentos na psicanálise: por um lado, a redução do psiquismo a um originário arcaico de ordem quase mítica, em que se procurava encontrar o singular no universal invertendo o procedimento freudiano (esse modelo submete o sujeito à tirania dos fantasmas primitivos); por outro lado, os excessos do estruturalismo que viam nas fantasias originárias uma estrutura transindividual da qual o sujeito seria efeito. Ambas as posições, na tentativa de aparar as aporias freudianas, reduzem o pensamento psicanalítico exatamente nos momentos nos quais o universal tangencia o singular, mas não se confunde com ele, no ponto em que cada experiência analítica é única e irredutível.

Segundo Le Guen (1984), a importância dessa análise não reside em ter descoberto a "cena primária" ou tê-la ancorado numa realidade histórica, mas, diz o autor, "consiste em ter mostrado o vínculo ineludível entre o modelo historicamente fundado e as produções (sonhos, sintomas, transferência, atuações diversas) do adulto". Conclui citando Freud: "A criança, do mesmo modo que o adulto, não pode produzir fantasias senão recorrendo a material que retirou de uma ou outra fonte".

O importante, e esse é a meu ver um dos pontos em que as discussões sobre a memória e a história se descaracterizam, não é a fidelidade a um registro fotográfico da experiência infantil, mas a relevância e a presença do infantil na constituição das formações inconscientes. Não é quanto à ideia de fantasia retrospectiva que Freud discorda de Jung; ele mesmo tinha tratado delas já no trabalho *Sobre as lembranças encobridoras*. Esse aspecto de ressignificação *a posteriori* constitui um dos modos privilegiados do funcionamento do inconsciente. É contra a exclusão do apoio[18] *Anlehnung* que a crítica de Freud é dirigida.

A hipótese freudiana é que, para compreender sua doutrina, torna-se necessário investigar os processos psíquicos em duas direções: regressiva e progressiva. Aqui, a meu ver, nos encontramos num ponto de intersecção entre movimentos progressivos e regressivos, com o papel que a teoria atribui aos elementos universais que podem operar como ordenadores do inconsciente. Isso aponta para uma dimensão estrutural das fantasias originárias.

Sem entrar na teoria lacaniana, que mereceria sem dúvida um trabalho específico, cito Lévy-Strauss (1975), especificamente em relação à sua leitura das fantasias originárias. Trata-se do conhecido texto *A eficácia simbólica*, em que o autor analisa alguns aspectos extremamente interessantes da cura xamanística. Não vou me deter no exame do texto como um todo, interessa-nos a comparação que o autor faz com a psicanálise e uma análise crítica das conclusões a que chega. Em primeiro lugar, o autor aponta as diferenças entre a cura xamanística e a psicanalítica:

> *ambas visam provocar uma experiência; e ambas chegam a isso, reconstruindo um mito que o doente deve viver ou reviver. Mas num caso, é um mito individual que o doente constrói com elementos tirados do seu*

---

18 Essa noção que já apontaram algumas vezes é retomada principalmente por Laplanche, em *Vida e morte em psicanálise*, e por Le Guen, em *La práctica del método psicoanalítico*.

passado; no outro (referindo-se à cura xamanística) é um mito social, que o doente recebe do exterior, e que não corresponde a um estado pessoal.

Embora não concorde com a redução que o autor faz da construção analítica a um mito pessoal, nesse momento, vamos acompanhá-lo em seu raciocínio, que sofrerá uma inversão na tentativa de aproximar ainda mais a cura psicanalítica do ritual xamanístico. O autor pergunta se a cura psicanalítica se deve ao caráter real das cenas rememoradas ou ao fato de o sujeito experimentá-las como mito vivido. Até aqui poderíamos acompanhá-lo em sua indagação, mas, adiante, seu raciocínio dá um salto, pois o caráter traumatizante se torna totalmente independente do evento e adquire sua significação a partir de uma estrutura pré-existente. "O conjunto das estruturas formaria o que chamamos de inconsciente", e conclui o autor:

> *O inconsciente deixa de ser o inefável refúgio das particularidades individuais, o depositário de uma história única, que faz de cada um de nós um ser insubstituível. Ele se reduz a um termo pelo qual nós designamos uma função: a função simbólica, especificamente humana, mas que em todos os homens se exerce segundo as mesmas leis; que se reduz, de fato, ao conjunto destas leis.*

A partir desse ponto, Lévy-Strauss propõe uma distinção maior entre inconsciente e subconsciente; o segundo seria um reservatório de memórias e imagos, enquanto o inconsciente estaria sempre vazio, limitando-se a impor leis estruturais. Ora, parece-me que a noção de inconsciente que o autor nos propõe é um típico exemplo de tomar a parte pelo todo. Vejamos como ele opera essa transformação. Se há padrões universais, como o complexo de Édipo do qual as fantasias originais são o corolário, então se segue que essas organizações transindividuais são constitutivas do inconsciente, configuram-no, e suas leis regem a subjetividade humana. Relendo com cuidado os textos de Freud *O inconsciente*, *A repressão* e *O ego e o id*. (1915d), verificamos o quanto se afasta da ideia de que o inconsciente seja uma pura forma universal. A noção de conflito e a dimensão pulsional tomam o processo de repressão singular. Sem dúvida, a ideia de reduzir o inconsciente a um conjunto de leis é sedutora, tornando-o semelhante às equações de nossos economistas de mercado, que conseguem colocar em fórmulas matemáticas as flutuações e projeções inflacionárias, mas não conseguem resolver os conflitos sociais. Podemos até nos interrogar sobre o projeto de criarmos conceitos tão próximos da lógica simbólica que seu grau de abstração acabe dificultando a apreensão da experiência.

Isso nos conduz, mais uma vez, à nossa tese central da importância do fator infantil, que, depois dessa análise, vemos configurar-se não como conjunto amorfo de experiências do passado, mas como núcleo ordenador dos possíveis, como determinante das potencialidades singulares do sujeito.

Não pretendo com esta breve discussão desenvolver uma crítica ao estruturalismo, o que está além das minhas possibilidades, e que também deveria implicar sua enorme contribuição em todos os campos das ciências humanas. Pretendi, com esta breve citação, apontar os riscos de extensão desse modelo, que por sua fertilidade é muito sedutor, mas que pode descaracterizar a noção de inconsciente conflitivo básica da psicanálise freudiana. As fantasias originárias funcionam para Freud como um campo de força no qual o inconsciente individual se constitui. Mas se o estruturalismo vê nas fantasias algo da ordem das leis universais, a escola kleiniana tratará com extremo realismo a questão do originário. É do que trataremos no próximo item.

3.5. Klein, a concretude do mundo interno

Não poderíamos tratar da fantasia sem fazer referência às concepções da escola kleiniana a esse respeito. Dada a importância, abrangência e aspectos polêmicos dessa contribuição, uma discussão aprofundada não é possível no contexto deste trabalho. Mesmo correndo o risco da simplificação, faremos algumas referências, valendo-nos do critério focal explicitado na introdução, pois nos interessa compreender de que forma a fantasia é concebida e as suas implicações em relação à concepção do infantil. A discussão de alguns aspectos da teoria kleiniana será importante na análise do que é entendido por construção no contexto da situação transferencial, enriquecendo assim nossa abordagem do que caracterizamos como infantil.

Os conceitos kleinianos de modo geral formam um corpo extremamente coeso e compacto. Nesse contexto, Klein nunca se preocupou em formular especificamente sua teoria a respeito da fantasia. No entanto, ela pode ser inferida de seus trabalhos clínicos, como dos clássicos textos de Isaacs e Segal.[19] Não podemos compreender a noção kleiniana de fantasia inconsciente sem nos referir à sua noção de mundo interno. Talvez a imbricação entre as duas noções seja da mesma ordem do que para Freud é a existente entre inconsciente e processo primário. Por isso, é bastante complexo comparar as noções de fantasia inconsciente em Klein e em Freud.[20] O que me parece mais interessante é podermos reparar na

---

19 Isaacs, S. (1982). A Natureza e a função da fantasia. In: M. Klein (Org.). *Os progressos da psicanálise*. Rio de Janeiro: Zahar. E Segal, H. (1975). *Introdução à obra de Melanie Klein*. São Paulo: Nacional.
20 Uma tentativa interessante encontra-se em Diaktine, R. & Simon, J. (1980[1972]). Os fantasmas inconscientes de Freud a Melanie Klein. In: *A Psicanálise precoce*. Também em Abadi M. Baranger, W. *et al*. (1978). In: Mesa redonda sobre el concepto de fantasia. *Revista de Psicanalise*, 35, 305-370.

sua originalidade, vale dizer, quais aspectos são destacados por ela e outros autores como mais significativos de sua concepção.

Comentaremos alguns dos aspectos da concepção de fantasia que nos parecem centrais, sendo eles:

a) fantasia como expressão mental da pulsão;

b) fantasia e relação de objeto desde as origens;

c) fantasia e mundo interno.

Isaacs enfatiza uma continuidade entre corpo e fantasia. Dessa forma, a fantasia é inconsciente desde as origens, diferentemente do que ocorre na abordagem freudiana, em que ela guarda uma relação mais intensa com o reprimido. É claro que Klein refere-se a processos anteriores cronologicamente à repressão, nos quais seriam outros os destinos pulsionais, como Freud já mencionara (o retorno sobre a própria pessoa e a transformação no contrário). De qualquer forma, mesmo em relação a esses processos, pressupõe-se um nível de organização mais sofisticado desde as origens do que é o caso em Freud.

Dada a ênfase outorgada por Klein ao conflito pulsional e à ação primária da pulsão de morte, esse movimento se acompanha desde o início por uma dimensão fantasmática. Poderíamos dizer que, para Melanie Klein, a pulsão já é relação. Mas, embora a relação com o seio externo seja mencionada, temos a nítida impressão de que se trata de uma relação com o objeto interno, quase contido na própria pulsão.[21]

---

21 Devemos destacar uma diferença fundamental entre a noção de pulsão para Freud e Melanie Klein. Para ele, tal como a explicita em *Pulsões e seus destinos*, o objeto da pulsão é sempre contingente e não está vinculado a esta naturalmente. O Cap. 1 dos *Três ensaios sobre a sexualidade* se destina a explicitar essa noção. Para Melanie Klein não é assim, sua noção de pulsão se aproxima

Se Freud trabalha sempre com a ideia de um dualismo pulsional, sexualidade-autoconservação, Eros-Tanatos, na sua metapsicologia os aspectos dinâmicos e tópicos quebram a possibilidade de qualquer maniqueísmo pulsional em relação ao processo de estruturação do sujeito. Em Melanie Klein, esse risco existe. Ela própria, graças à sua criatividade e profunda sensibilidade, pôde evitar as armadilhas, mas isso não está sempre presente em seus seguidores. Na sua obra, o dualismo freudiano é levado ao extremo. Vida e morte, introjeção e projeção, bom e mau objeto, amor e ódio, ataque e reparação... Essas polaridades dominam a vida afetiva do indivíduo e não é difícil vê-las agindo em nossa experiência pessoal. Mas o esquema está longe de ser simplista; essas polaridades se organizam em torno de duas posições fundamentais da vida psíquica: esquizoparanoide e depressiva. Essas posições implicam angústias muito particulares, assim como também em fantasias e mecanismos defensivos próprios, que também correspondem a determinado nível de estruturação do ego. Um longo percurso clínico e teórico conduz Klein a tais formulações.[22]

Essas posições serão progressivamente compreendidas numa dimensão mais estrutural do que desenvolvimentista (havendo em muitos momentos uma oscilação no funcionamento mental entre ambas as posições). Sua abordagem lhe permite compreender tanto aspectos neuróticos como psicóticos do indivíduo. Klein entra em contato inicialmente com crianças obsessivas graves e psicóticas. A matriz clínica (como a chama Mezan) terá marcas

---

muito mais da noção de instinto, em que há uma vinculação entre o impulso e o objeto que se adequa à sua satisfação.
22 A posição depressiva é descrita e sistematizada a partir de dois trabalhos: *Uma contribuição para a psicogênese dos estados maníaco-depressivos* (1934) e *O luto e sua relação com os estados maníaco-depressivos* (1940). Em relação à posição esquizoparanoide, o texto-chave é *Notas sobre alguns mecanismos esquizoides*. Uma síntese de sua concepção se encontra em *Algumas conclusões teóricas sobre a vida emocional do bebê*.

fundamentais na elaboração de seus modelos teóricos. Desde o começo, ela se vê exposta aos intensos movimentos sádicos e agressivos, assim como à paralisação da atividade de simbolização atribuída a esse tipo de fantasia. Nesse contexto, sadismo e agressividade são assimilados a expressões da pulsão de morte, no primeiro caso fundida com forças libidinais, no segundo de forma independente. A pulsão de morte age em primeiro lugar em relação ao próprio *self* e será a fantasia de aniquilamento que conduzirá ao movimento expulsivo dessa em direção ao objeto. "Há muitos anos sustento a opinião de que a atividade interna do instinto de morte dá origem ao medo de aniquilamento e de que é essa a causa primeira da ansiedade persecutória" (Klein, 1985[1952], p. 216). Embora na sequência ela aponte fontes externas como origem complementar das fantasias persecutórias, há uma conexão quase linear entre instinto e fantasia. Essa é a tônica do trabalho de Susan Isaacs já citado e da postulação posterior da "inveja primária",[23] indicando haver uma ênfase por parte de Klein no elemento destrutivo constitucional. Recorda-nos a fala bíblica de Deus após o dilúvio no livro do Gênesis: "a alma humana é má por natureza". O que interessa no momento, mais do que examinar a teoria da inveja primária, é a ênfase outorgada ao aspecto originário da fantasia inconsciente numa continuidade linear com a pulsão. Diz Klein:

> *Contudo, as fantasias não têm origem no conhecimento articulado do mundo externo; sua fonte é interna, nos impulsos instintivos"* . . . *"Tem sido algumas vezes sugerido que as fantasias inconscientes, tais como a de dilacerar em pedaços, não ocorreriam na mente infantil antes de saber que dilacerar em pedaços uma pessoa*

---

[23] Conceito postulado por Klein (1985[1952]) em *Inveja e Gratidão*.

significa matá-la. Tal ponto de vista não satisfaz. Esquece o fato de que semelhante conhecimento é inerente aos impulsos corporais, como um vínculo do instinto com a finalidade almejada, com a excitação do órgão etc., nesse caso a boca. (1985 [1952], p. 86).

Como esse, podemos encontrar muitos outros exemplos, nos quais há uma sobreposição entre movimento pulsional e fantasia inconsciente. O que interessa destacar, a nosso ver, não é o fato de existir algum tipo de representação mental, mesmo dementar, do despedaçamento do objeto, mas que se suponha que isso já esteja contido instintualmente no impulso, de forma que a fantasia antecederia a experiência. Mesmo supondo, como o faz Klein, que a todo ato, a todo comportamento ou a toda inibição subjaz uma fantasia inconsciente, supor que ela tenha uma origem a-histórica é questionável. Veremos adiante como o próprio modelo analítico de tratamento pressupõe, a nosso ver, que a fantasia tenha uma origem híbrida, tal como Freud postulava.

Sem dúvida, Melanie Klein teve uma intuição e uma ousadia além de seus colegas, como testemunha sua discussão com Anna Freud sobre análise de crianças. Isso fez com que tivesse descoberto um mundo infantil povoado de fantasias até então inexplorado. Seus textos da década de 1920, que culminam com a redação da *Psicanálise da criança*, evidenciam um percurso em que identificamos primórdios da vida psíquica nos avatares das vivências edípicas e a emergência de um superego primitivo, fruto das primeiras introjeções feitas sob a égide de um sadismo cruel e desenfreado. Isso é o que lhe permite sustentar com tanta segurança uma postura analítica diante da transferência em análise de crianças pequenas, pois, mesmo em estruturação, já há um inconsciente cujas projeções os próprios pais originais são objeto. Nesse sentido, uma observação de Laplanche (1981)[24] pode ser esclarecedora. Para ele, a importância da discussão com Anna Freud não reside em antecipar o complexo de Édipo, não se trata de uma questão cronológica. Trata-se da existência de um mundo interior de imagos primitivos, imagos que não são a lembrança de experiências reais primitivas, mas produto de introjeções dessas experiências, "um depósito modificado pelo próprio processo da introjeção". Progressivamente, os aspectos dos primórdios da vida psíquica vão adquirindo importância dentro de uma perspectiva genética, embora sua análise das posições obedeça a uma perspectiva mais estrutural. Ainda que Laplanche destaque a dimensão introjetiva, não devemos esquecer que para Klein os aspectos projetivos oriundos de elementos constitucionais são de tamanha intensidade que, mais do que modificados pela introjeção, predomina a seu modo de ver uma projeção e uma introjeção do projetado.

Para compreendermos melhor sua visão de fantasia, devemos levar em consideração a estreita relação entre esta e as funções corporais, assim como em relação ao corpo materno. Quando Klein fala de ataques "por todos os meios de que o sadismo dispõe", refere-se a ataques orais, anais, uretrais. São as funções corporais as convocadas na sua maior concretude. Essa experiência clínica leva a compor sua noção de mundo interno como povoado de objetos e imagos em permanente interação. Aqui sua noção de fantasia se enriquece, ganha mobilidade e plasticidade, ao mesmo tempo que se torna tremendamente concreta. A ideia de mundo interno não lhe é totalmente exclusiva. Tem origem numa vertente do trabalho de Freud que se desenvolve com maior intensidade a partir de *Luto e melancolia*, dos estudos sobre o narcisismo e os processos identificatórios do Ego e o Id, em que tematiza a formação do superego e

---

24 Laplanche, J. (1981). Hay que quemar Melanie Klein? *Trabajo del Psicanálisis*, 1. p. 252.

as instâncias ideais. Com a segunda tópica, os aspectos inconscientes da psique ganham corpo e espessura. O modelo ganha dimensão tridimensional quando falamos em introjeção e incorporação e pressupomos algum tipo de espaço interno.

3.6. Reequilibrar a balança

Comparando as concepções de Freud e Klein, observamos que Freud, quando constrói a noção de uma realidade psíquica, o faz visando os processos introjetivos e identificatórios, levando em consideração principalmente a sexualidade infantil e os desejos edípicos. No entanto, a projeção será reservada como fundamental em algumas patologias. Klein, por propor um modelo vinculado à fantasia desde as origens, privilegia um modelo projetivo. Dentro dessa perspectiva, a fantasia aparece muito mais como expressão de um mundo de objetos internos e amplia sua função como defesa ante o objeto externo ou ante uma ameaça pulsional. Vemos então que, para Klein, fantasia inconsciente e relação de objeto estão intimamente ligadas: é como se a fantasia fosse o aspecto dinâmico da relação de objeto. Essa ideia pode ser apreendida numa colocação de Segal (1975 [1964], p. 31):

> *A estrutura da personalidade é amplamente determinada pelas mais permanentes das fantasias que o ego tem sobre si mesmo e sobre os objetos que contém. O fato desta estrutura estar intimamente ligada com a fantasia inconsciente é extremamente importante: é isto que torna possível a influência na estrutura do ego e do superego através da análise . . . É analisando as relações do ego com seus objetos internos e externos, e alterando as fantasias sobre estes objetos, que podemos*

afetar de maneira substancial a estrutura mais permanente do ego.

Essas colocações de Segal produzem, a meu ver, aberturas interessantes. Em primeiro lugar a fantasia já não é colocada em uma relação linear com a pulsão, mas na perspectiva de um produto do ego. Dessa forma, sua concepção aproxima-se da visão freudiana, na qual elas estão ligadas ao processo secundário e à representação de palavra, condição necessária para que possa existir um rearranjo das relações de objeto a partir da análise. O texto de Susan Isaacs aponta uma dimensão menos interativa entre fantasia e realidade externa do que os trabalhos de Hanna Segal, mais modernos e influenciados pelas ideias de Bion. Se a fantasia fosse expressão direta da pulsão, sem mediação dos processos introjetivos e de uma organização egoica, as chances de uma análise seriam remotas. Essa é a visão de Freud (1937a) em *Análise terminável e interminável*. Nesse texto pessimista, porém de uma riqueza enorme, Freud alude aos limites da análise diante da intensidade constitucional das pulsões. Mas, como tentamos elaborar ao longo desse percurso sobre as fantasias, se elas são produto de uma metabolização egoica, e, dessa forma, historicamente determinadas, torna-se possível que novas experiências, como o processo analítico, possam reorganizar sua estrutura ou pelo menos atenuar seus efeitos.

Baranger (1962), um atento leitor da obra de Melanie Klein, num estudo sobre a situação do objeto em sua obra, conclui que o caminho por ela aberto conduz a uma investigação dos modos pelos quais esses objetos internos se constituem enquanto tais, assim como a um estudo metapsicológico de seu estatuto face ao ego e ao superego. Ora, não é de se estranhar que os desenvolvimentos mais modernos dentro da perspectiva kleiniana, realizados por seus membros mais criativos, dirigiram-se direta ou indiretamente a esses objetos. Winnicott para a constituição do falso *self*, Meltzer e

Tustin na direção da constituição do encapsulamento autista, Bion fala dos objetos bizarros na psicose. Todos eles procuraram, de um modo ou de outro, reequilibrar a balança em relação às experiências com o meio e à importância da introjeção delas.

Como vemos, a concepção de fantasia para Klein é muito mais substancialista que a de Freud e pressupõe uma organização egoica bem mais complexa para os primeiros meses de vida do bebê. A minha impressão é de que, mesmo que possamos questionar sua concepção de fantasia pela sua generalização e sua precocidade, isso não impede o resgate de sua dimensão concreta, que pode ajudar numa maior compreensão do fenômeno transferencial.

Retomemos a questão do realismo do mundo interno, onde as personagens/objetos parciais desfilam seu sadismo, seus ataques e suas idealizações de forma a se constituírem num verdadeiro mundo. Então, corre-se o risco do que realmente aconteceu nos anos 1950 e 1960, quando os analistas kleinianos interpretavam seus pacientes numa linguagem concreta dos objetos parciais que supunham existir desse modo nos seus inconscientes. Perdia-se com isso a dimensão metafórica do inconsciente. No entanto, a ideia de realidade interna é profundamente fértil para pensar a concepção de infantil, como veremos posteriormente. Melanie Klein concebe o mundo interno como o lugar que se constitui a partir do par introjetado/projetado. Se não atribuirmos prioridade a um sobre o outro, estabelece-se um movimento que, como diz Laplanche (1990, p. 121), substitui e supera o par realidade--ficção. Mas, para que essa ideia possa operar efetivamente como hipótese do engendramento, temos que conceber um tempo que evolui do par indiferenciado mãe-bebê e que progressivamente permitiria a emergência de um ego.

O percurso pela problemática da fantasia, desde sua constituição até suas relações com o processo analítico, permite observar que, dependendo da concepção que dela se faça, o analista imprimiria uma marca na condução da análise. Não é indiferente que ela seja concebida como repertório colado à pulsão, como primordial, ou como historicamente constituída. O percurso realizado permite identificar, para além das oscilações, uma tendência no pensamento freudiano de ligar a fantasia aos encontros e desencontros entre as experiências efetivamente vividas e os movimentos pulsionais em jogo. Como disse anteriormente, somos obrigados a reconhecer a total hibridez da fantasia, pois nela convergem desejo e defesa, cuja construção, como sugere Silvia Bleichmar, não obedece a "tempos míticos, mas a tempos reais de constituição do sujeito". Tempos que se cristalizaram em determinadas posições (fixação), que terão na transferência uma condição de reedição.

4. Da repetição à simbolização

4.1. Para introduzir a transferência

Se a noção de processo primário domina a primeira tópica freudiana, podemos sustentar que a noção de repetição ocupa um lugar de importância equivalente na segunda. Não porque essa só tenha sido percebida na década de 1920, pelo contrário, ela faz parte do pensamento freudiano desde suas origens. Mas, como outras noções, foi adquirindo sua dimensão progressivamente, num longo e sofrido percurso de gestação. Quase a contragosto impôs-se a Freud, como várias vezes foi mencionado por ele, ao referir-se à transferência como uma modalidade pela qual a repetição se expressa no tratamento.[1] Se o campo da resistência à significação das representações reprimidas domina a cena do processo terapêutico, progressivamente a repetição começa a ser percebida por Freud

---

1 O epílogo do *Caso Dora* é característico da atitude ambivalente de Freud em relação à transferência. Nele reconhece a impossibilidade de evitá-la, o que conduz à reformulação da clínica de modo que essa passa a se tornar o eixo do tratamento.

como uma das armas mais poderosas da resistência. Todo nosso percurso até o presente momento tem se remetido basicamente ao registro da representação nas suas diferentes modalidades. Tivemos a oportunidade de perceber a complexidade inerente à inscrição psíquica da experiência, como também à força da dimensão pulsional para a composição fantasmática nos cenários do desejo. A questão da transferência, que num primeiro momento é compreendida por Freud como deslocamento,[2] passa a ser apreendida cada vez mais claramente como um efeito de uma tendência mais geral do aparelho psíquico à repetição. Esse fenômeno de repetição só pôde começar a ser compreendido por Freud na medida em que ele foi progressivamente construindo sua noção de inconsciente. Se tomarmos a transferência em seu sentido mais estrito de atualização de experiências passadas em relação à pessoa do analista, isso já pressupõe a noção de processo primário na medida em que há deslocamentos e condensações em jogo e a particularidade temporal do inconsciente, "que lida com o atual como se fosse o inatual" (Fédida, 1988).

Se, até a descoberta da transferência, a associação livre dominava a cena analítica, agora o ato aparece com um sentido muito particular como novo integrante da situação analítica. A palavra é portadora de sentido e, por meio dela, poderiam estabelecer-se cadeias associativas, religando assim afeto e representação e tornando acessível à consciência aspectos do reprimido. Por essa via, a palavra transformada em ato interpretativo ganha sua força performativa, como posteriormente mostrou Austin (1990 [1962]).[3]

---

2 Isso já se encontra presente nos *Estudos sobre a histeria*. Diz Freud: "A transferência ocorre por um falso enlace ... Também as enfermas compreendiam pouco a pouco que em tais transferências sobre a pessoa do médico há uma compulsão e um espelhismo que serão dissipados ao longo da análise".
3 Austin considera a linguagem como ação, como um modo de atuação sobre o real, e não exclusivamente como representação dessa ação. O nosso interesse

Segundo seu desenvolvimento teórico, que a experiência analítica permite confirmar, não há somente frases exclusivamente declarativas. Há outras cuja enunciação contém implicitamente a expressão de um ato.

Dessa natureza seriam, a meu ver, algumas das interpretações do analista. *Mutatis mutandis*, e isso já extrapola as colocações de Austin, a repetição, o ato na situação analítica seriam uma performance que pediria uma frase. "O paciente repete em lugar de recordar", diz Freud (1914). O paciente atua o que talvez não possa recordar como memória evocativa, presentificando na repetição aspectos de seu passado infantil. A prática analítica procurava inteligir uma outra lógica, para além da lógica consciente, encontrada nas formações do inconsciente (sonho, ato falho, sintoma). Com a emergência da repetição transferencial, um novo aspecto ganha sentido: a força da situação analítica. O processo de análise, como o próprio Freud reconhece, altera-se, pois não haverá tão somente evocação das paixões da alma, amor e ódio, idealização e destruição se tornam concretos, de forma tal que analista e analisando estarão expostos às primitivas demandas cujos cenários distam da confortável poltrona ou do aveludado divã. A racionalidade da situação analítica vê-se enormemente atenuada, pois, a menos que o analista se considere um ser superior, terá ele mesmo que se haver com as respostas outrora formuladas a muitas dessas mesmas demandas. É com muita pertinência que Fédida (1988) nos fala, em *Angústia na contratransferência ou o sinistro da transferência*, do poder de afetar o analista que algumas repetições possuem.

Mas o que se repete? Por que se repete? Que forças animam essa repetição? Como podemos compreender a repetição face ao infantil? São questões que Freud tenta responder de modo mais

---

revela-se em torno da eficácia da "fala performativa", que a nosso ver mantém uma correspondência com alguns enunciados proferidos na análise.

especulativo quando trata do caráter restituído das pulsões em *Para além do princípio do prazer*, de modo mais concreto quando se refere às situações infantis de perda em *Inibição, sintoma e angústia*. Com o fenômeno da repetição, tornam-se patentes a força e o sentido da realidade psíquica. A natureza infantil da repetição também é corroborada pela qualidade das demandas em jogo na situação transferencial. A repetição, assim como a memória, pede um objeto, alguma coisa tem que ser evocada, alguma coisa será repetida. A repetição do jogo do carretel visa elaborar a presença e ausência da mãe. Refiro-me a que a repetição pode ser compreendida na sua singularidade individual. É muito interessante reparar no movimento que conduz Freud a propor universais; discutimos isso no capítulo anterior, em relação às fantasias originárias e ao Édipo. Agora o vemos propor em relação à repetição e à tendência mais fundamental do retorno ao inanimado. É importante perceber que nosso interesse no tema não está dirigido somente à dimensão da repetição como força, mas no sentido singular, clínico, da repetição.

Procuraremos neste capítulo assinalar alguns dos componentes básicos da noção de transferência para Freud. De posse dessas noções, tentaremos afunilar nossa discussão em torno de elementos que possam nos auxiliar na composição da noção de infantil, como progressivamente começamos a identificar.

4.2. Rodrigo, destruir é preciso

Apresento na sequência uma situação clínica que permite enriquecer esta discussão. Uma família vem procurar uma avaliação diagnóstica do filho mais novo, Rodrigo, de sete anos, motivada por um pedido da escola. Não há queixas do ponto de vista pedagógico, elas se referem ao comportamento. Rodrigo é agressivo:

ora está calmo, ora torna-se agressivo, provoca os colegas, estraga o material e os trabalhos. Procura sempre sujar quem está limpo. Em casa, dizem os pais, não é tão agressivo, a não ser com a irmã mais velha de nove anos. Os pais parecem dar uma importância relativa ao que a escola refere. Segundo eles, a escola exagera. Os pais relatam que as questões de disciplina em casa são um pouco variáveis: é como se algumas normas permanecessem muito ambivalentes. A mãe diz que o pai é muito tolerante e outras vezes estourado. Ambos trabalham em casa, na mesma profissão.

Esses breves dados têm como objetivo situar o leitor em relação à queixa apresentada. Minha intenção é referir-me a um aspecto da autoimagem de Rodrigo e a uma situação transferencial particular. Chama a atenção como ele anda sujo. Não se trata de um menino que fica brincando e como consequência das brincadeiras se suja, é como se propositadamente procurasse apresentar-se diante do mundo desse modo. Quando solicitado a fazer um desenho, faz uma criança aproximadamente de sua idade. O que chama a atenção em seu desenho, cognitivamente adequado à sua idade, são as roupas rasgadas cheias de furos da criança representada no desenho. O significado do desenho parece ser que as roupas apresentam um aspecto "*punk*", ou seja, não são rasgos do uso ou de pobreza. Parecem metodicamente colocados, num aspecto contestador. Rodrigo também fala com uma voz que parece forjada, há alguma coisa de grotesco no seu estilo, parece com um palhaço, entre a timidez e o deboche.

As primeiras sessões são dedicadas à exploração dos recursos e espaço da sala, dos brinquedos, a água, dos limites do analista. Tudo é testado e, depois desse movimento, Rodrigo começa uma destruição de todo o material da caixa: lápis, canetas, carros, tudo é sistematicamente destruído, num movimento aparentemente sádico e desafiador. Num primeiro momento, fico assustado com a agressividade de Rodrigo, é como se temesse também ser destruído. Tenho a impressão de que isso é o que provavelmente acaba suscitando nos outros, pais, colegas, professores.

No entanto, alguma coisa chama minha atenção: todos os restos dos ataques são guardados no final da sessão na caixa, nada é jogado fora, nada é esquecido.

Rodrigo conserva os fragmentos de todas as suas investidas. Apesar da ansiedade que esse movimento suscita em mim, em nenhum momento tenho uma fala ou um movimento dirigido a brecar tal movimento. Numa sessão, ele pede que eu segure a tampa da caixa de um jogo que não conseguia rasgar, para poder dar um golpe mais certeiro. Nesse momento, surge em mim a vontade de não me tornar cúmplice das cerimônias de destruição. Digo a ele de modo espontâneo, quase irrefletido: "Se você quiser pode quebrar o que tiver vontade, mas eu não vou te ajudar a se destruir." Rodrigo me olhou, com um olhar diferente, tentou rasgar sozinho a caixa, mas logo desistiu. Alguma coisa tinha mudado, alguma coisa perdera a graça. Essa intervenção possibilitou um rearranjo da situação transferencial e o início de um trabalho de simbolização.

Foi possível a investigação de suas fantasias sobre sua imagem corporal, sobre sua necessidade de se identificar com um objeto sujo-agressivo e a relação disso com fantasias sádico-anais. Enfim, a análise possibilita uma evolução e uma reorganização de sua imagem em relação a ele mesmo e a outras pessoas.

O que me interessa abordar é esse momento pontual. Há um agir de Rodrigo na sessão, a necessidade de expressão é dominante, a compulsão destrutiva parece não ter fim. Identificamos elementos transferenciais tanto pelo deslocamento como pela repetição. Todos os objetos tornam-se persecutórios e precisam ser destruídos. Poderíamos aprofundar a análise das suas fantasias inconscientes, não muito diferentes das ilustradas por Melanie Klein em

Psicanálise da criança, mas prefiro centrar nosso olhar no efeito da intervenção. Tenho a impressão de que ela instaura algo novo no universo psíquico de Rodrigo. Diferente das falas que o solicitam a não brigar com seus colegas, a não os sujar, a tomar cuidado com sua irmã, a fala o conduz a refletir sobre o movimento destrutivo, que acaba se voltando contra ele mesmo, dada minha recusa a colaborar com seu comportamento. Minha hipótese é que muito precocemente na vida de Rodrigo esses movimentos foram ora rejeitados, na tentativa de serem controlados, ora menosprezados. O pai é muitas vezes condescendente e outras estourado; a mãe não dá grande importância ao que a escola fala, mas é muito exigente em casa. Tem-se a impressão de que as coisas devem se encaixar num modelo pré-estabelecido. Sem nos alongarmos numa análise reconstrutiva da vida de Rodrigo, não se trata de encontrar na anamnese os pontos de possíveis fixações, mas a possibilidade de perceber nas falas atuais da família e do próprio paciente as testemunhas dos momentos de encontro e desencontro dos partícipes dessa história. Rodrigo contesta, mas seu modelo contestador lhe reserva uma possibilidade identificatória auto e heterodestrutiva: ninguém se salva, a não ser os cacos, os fragmentos estilhaçados das suas investidas.

Há dias em que Rodrigo pede para que o segure, amarre com durex seus braços e pernas, outras vezes, constrói uma teia de aranha e joga-se nela, para depois tratar de se libertar. Repete essas situações inúmeras vezes. A repetição alude à resistência, não à análise, e sim à ressignificação das suas fantasias. Alude também à necessidade de expressar sua vontade de se ver livre de um jogo pulsional que o condena a uma eterna luta. Progressivamente os cacos começam a ser redescobertos, os brinquedos remontados não do jeito que eram anteriormente, mas numa nova ordem. Rodrigo torna-se um *bricoleur* da sua própria subjetividade, não se trata apenas de um rearranjo de fantasias, mas de uma remontagem de fragmentos de sua história pulsional, de experiências concretamente vividas na análise e fora dela.

Trata-se, a meu ver, de uma transformação em relação ao infantil. A sua força, a sua característica destemida, sua vontade de competir se reorganizam. Ele é um menino muito forte, alto como seu pai, que progressivamente começa a se interessar por esportes dos quais havia desistido anteriormente, esportes que requerem força física. Sai-se muito bem, pois é valente, ousado. Rodrigo precisou pôr em ato, na sua vida e na sua análise, aquilo que da sua relação com o mundo não pudera ser digerido, metabolizado, expelia com constantes arrotos e flatos os indigestos dos primeiros festins de sua história.

A intervenção do analista não é mera explicação com sua abstinência, ela tem valor performativo, no sentido de Austin, na medida em que define um lugar diferencial para a repetição na situação analítica. O analista não é exterior à situação. Se uma das particularidades da repetição transferencial é a introdução do analista no circuito pulsional do paciente, a interpretação eficaz parte do lugar que não é uma virtualidade. É por isso que, sujeitada ao limite da palavra, ganha força, na medida em que advém do próprio registro pulsional que o paciente lhe outorga.

Compreendemos assim que a análise não é um processo puramente hermenêutico de elucidação de sentidos por alguém especialmente treinado para tal fim. A grandeza da descoberta freudiana consiste em que na própria estrutura da neurose reside a possibilidade de sua ressignificação.

Num primeiro momento, Rodrigo procurava na repetição a confirmação de que não haveria outro caminho, que estaria condenado a ser a mistura de *clown-punk* pelo resto da sua vida.

No entanto, guardava nos cacos quebrados da sua história a esperança de uma possível saída: Eros e Tânatos combatiam uma violenta luta a serviço da vida.

4.3. Da transferência ao infantil

O material clínico apresentado nos conduz claramente à conclusão que a interpretação no contexto de um processo de análise implica em muitos outros aspectos, para além da tradução racional do conteúdo da fala do paciente para algum outro registro. Isso mostra-se insuficiente para dar conta da intensidade das forças envolvidas. O que hoje no campo da Psicanálise constitui a base de nossa prática desconcertara Freud no início de seus tratamentos de pacientes histéricos. Ainda hoje muitas terapias tentam abordar por métodos cognitivos aspectos e forças altamente irracionais do psiquismo.

Já nos *Estudos sobre histeria*, Freud constata a resistência que seus pacientes opõem à lembrança, à continuação das associações e mesmo à aceitação das interpretações por ele fornecidas. Freud (1895, p. 305) refere-se a três situações pelas quais as associações se veem interrompidas:

a) que realmente o material em relação a determinado conteúdo tenha se esgotado;

b) que se está ante um novo estrato de representações inconscientes, impenetrável ainda por efeito da resistência;

c) "quando o vínculo do doente com o médico se vê perturbado, e significa o mais incômodo obstáculo com o qual se pode tropeçar".

Essa perturbação da relação médico-paciente não passa do fenômeno da transferência. Fenômeno ao qual Freud atribuirá seu fracasso parcial no *Caso Dora*, e que o conduz à necessidade de teorização no epílogo do referido caso. Evidentemente não faremos aqui um acompanhamento minucioso da noção de transferência em Freud,[4] o que mereceria um estudo muito mais extenso. Mas faremos algumas paradas na construção dessa noção.

Sua primeira concepção de transferência está associada à ideia de "falso enlace".[5] Diz Freud que uma das suas pacientes acariciava a fantasia de que o homem com quem estivesse conversando a surpreendesse com um beijo. Pois bem, dirá Freud, isso ocorreu no final de uma sessão em relação à sua própria pessoa. A paciente se angustia com a fantasia e a elaboração da fantasia na sessão seguinte torna possível a continuação do tratamento. A ideia de falso enlace está associada à noção de deslocamento. A carga de afeto é transferida de uma representação para outra. Esse será um dos elementos constituintes da noção freudiana de transferência, solidária com sua concepção do processo primário. Mas antecipam-se também outros elementos, como a ideia de repetição e de passagem para o ato, pois o deslocamento não ocorre somente numa dimensão sincrônica, ele também envolve a história do paciente, assim como a cena não exclui a ação. Birman e Nicéas (1982, p. 23) descreve assim o que aqui está em jogo: "É estabelecida uma equação simbólica entre a cena fantasmática e a cena da relação médico paciente, estando no desvelamento da segunda a condição da possibilidade de explicitar a primeira, que pertence à história do paciente".

Aparece aqui uma correspondência entre o que é vivido e experienciado na situação analítica e aquilo que corresponde à realidade psíquica do paciente. Para a finalidade do presente trabalho,

---

4 Há uma interessante leitura crítica feita por Birman J. & Nicéas C. A. (1982) em *Constituição do campo transferencial e o lugar da interpretação psicanalítica*. Além do clássico trabalho de Daniel Lagache, *A transferência*, só para citar alguns que abordam a transferência em sua perspectiva histórica.
5 Freud (1905/1986, p. 307).

interessa investigar que tipo de correspondência é essa, pois a relação é a que existe entre o infantil, cujo modo de composição estamos interessados em explicitar, e o presente da situação analítica. A transferência transforma-se na chave de acesso à constituição fantasmática do sujeito. Observemos como Freud as compreende. Diz ele no *Caso Dora*:

> *Que são transferências? São reedições, recriações de desejos e fantasias, que na medida em que a análise avança só podem despertar e tornarem-se conscientes; mas o mais característico de tudo é a substituição de uma pessoa anterior pela pessoa do médico.* Em outras palavras: "toda uma série de vivências psíquicas anteriores não é revivida como algo passado, mas como vínculo atual com a figura do médico." Fragmentos de análise de um caso de histeria. Freud (1905/1986, p. 101).

A ideia inicial de Freud era a de reconstruir, levantando as barreiras do recalque, uma cadeia de eventos cujas impressões marcaram o indivíduo. Ele constata a impossibilidade da tarefa pela via evocativa; a amnésia infantil e a resistência são de tal ordem que a missão se torna impossível. Será outro o caminho pelo qual as impressões e os desejos infantis farão seu aparecimento na vida atual do paciente. A transferência é o modo particular pelo qual a subjetividade humana expressa sua constituição. Ela permite o acesso às vicissitudes do recalque, ao conteúdo das fantasias inconscientes. A descoberta da transferência altera o paradigma anamnésico da clínica freudiana. E essa descoberta acarreta um sem-número de consequências.

Essa constatação de Freud contraria todas as regras de uma temporalidade linear. O paciente não diferencia, segundo essa concepção, o objeto do passado do objeto do presente, pois a onipotência da realidade psíquica impede o sujeito de se haver com o novo. Ou melhor, o novo é assimilado a uma concepção que o precede. A memória deixa de ser evocação para se tornar ato. Freud (1912b) dirá em *Recordação, repetição, elaboração*: ". . . o analisando não recorda, em geral, nada do esquecido e reprimido, mas o atua. Não o reproduz como lembrança. mas como ação; repete-o, sem saber, e claro que o repete" (p. 152).

Mas o que se repete? Por que razão a transferência deixa de ser um fenômeno marginal do tratamento para se tornar seu eixo? Aqui estão estreitamente vinculados, por um lado, o mecanismo da transferência e, por outro, a sua função no processo de análise. Essa repetição, dirá Freud, é a maneira de o paciente recordar. Não se trata, a meu ver, de uma metáfora; trata-se, se seguirmos o caminho de Freud no texto *A dinâmica da transferência*, dos mesmos processos que outrora produziram a repressão e as fixações libidinais e que as mantêm. Esses são, até o primeiro dualismo pulsional, a repugnância do ego diante das demandas pulsionais e à recusa da libido em abandonar suas posições. Posteriormente, veremos como nos últimos trabalhos de Freud o número de resistências aumenta, levando Freud a tornar-se mais pessimista em relação ao tratamento.

Para compreendermos melhor a relação de "dependência e pertença" (Dayan, 1985, p.374) da transferência com o infantil, convém recordar brevemente como Freud a situa em relação à sugestão, à resistência e à repetição. Os efeitos da sugestão foram os que tornaram possíveis o método catártico, em cujas bases repousa a hipnose. O que a descoberta da transferência põe como manifesto é que o papel do hipnotizador é menos importante do que se imaginava. Ferenczi (1909) ilustra, tirando as implicações da descoberta de Freud, como a noção de transferência inverte a relevância das personagens na situação hipnótica, apontando como há uma disposição no hipnotizado a delegar para alguém o lugar outrora ocupado por outras figuras na sua vida, sejam queridas, perseguidores etc. Diz Ferenczi (1909, p. 48):

> *A possibilidade de ser hipnotizado ou sugestionado depende pois da capacidade de transferência, isto é, para ser bem claro, da capacidade do médium em adotar, em relação ao hipnotizador, uma posição sexual, mesmo inconsciente; ora, a raiz mais profunda da transferência, como de todo amor objetal, provém dos complexos parentais.*

Ora, se a raiz do efeito de sugestão repousa na possibilidade de transferência, e se pretende diferenciar a Psicanálise de qualquer tratamento sugestivo, Freud vê-se conduzido a eliminar todo resquício de sedução que possa existir no tratamento analítico. Por isso propõe como destino da transferência a sua liquidação. Tarefa utópica, que será discutida mais a fundo por ele em *Análise terminável e interminável*.

Pois bem, usando uma linguagem freudiana, se ambas, transferência e sugestão, repousam nos mesmos complexos infantis, aos quais o analista é assimilado, e se sua interpretação possibilita o acesso aos complexos inconscientes que de outro modo seriam inacessíveis, por que vê-la como máxima expressão da resistência? É nesse ponto, como disse anteriormente, que vejo coincidirem mecanismo e função na transferência. Na situação analítica, o paciente cai numa cilada, pois, confiante na sua consciência ou mesmo desconfiante dela, não percebe (como o próprio Freud não imaginava que isso pudesse acontecer) que a situação analítica o convida à colocação em ato, a um teatro, em que ele, paciente, é personagem real da sua própria história. Atual e inatual se corporificam num movimento que chamamos de transferencial, no qual e pelo qual o paciente procura se defender como outrora fazia de seus próprios impulsos libidinais ou agressivos. A transferência é, ao mesmo tempo, expressão do desejo e da defesa. Sua ambiguidade reside em seus aspectos conflitivos, que a tornam expressão da resistência na abolição do tempo que pretende instaurar. A esse respeito escreve Pierre Fédida (1988, p. 49):

> *Se o paciente me fala do seu amor por mim é a inatualidade do infantil que aí é ouvida. Não posso explicar ao paciente o que é o infantil. Não posso talvez dizer nada. Posso significar talvez por certas palavras empregadas pelo paciente que o que ele vive é acolhido como verdadeiro, mas não pode receber uma resposta do atual. O que chamamos de "não resposta" é precisamente a recusa de dar o atual como resposta ao inatual.*

A recusa é exatamente a abstinência que Freud propõe. Retomamos o material a respeito de Rodrigo. Vemos que sua demanda de me recrutar como cúmplice de sua imagem de destruidor, como parceiro em cerimônias autodestrutivas, é um convite presente para repetir e cristalizar uma posição para ele e o outro num relacionamento intersubjetivo. A recusa desse lugar permite a abertura para o novo, a partir do antigo. Fédida sugere no mesmo texto que a situação analítica instaura um espaço para a sedução. Sua abordagem aproxima-se da de Laplanche, mas há uma diferença entre a ideia de que a situação analítica reinstaura o espaço da sedução e a noção de que o analista ocupe concretamente o lugar do sedutor. Isso não é muitas vezes bem compreendido. Se a análise procurava no seu início criar as condições para rememoração, agora o faz para a repetição transferencial.

Dessa forma, a situação analítica permite a colocação em ato do inconsciente. Desejos e estímulos encontraram no seu direcionamento ao outro um canal de expressão. O analista não está no lugar do sedutor, mas de quem, pela sua presença, permite que a cena se ponha em ato. Se remontarmos ao trabalho *Delírios e sonhos na Gradiva de Jensen* (1907), em que Freud destaca nas conversas de Zoe com Harold exatamente o fato de ela manter sempre uma ambiguidade, não se preocupa em denunciar o equívoco de imediato. É uma posição difícil de sustentar. Suportar a ambiguidade significa permitir que o outro desdobre sua realidade psíquica na situação presente, por mais bizarro que isso possa parecer ao analista. Há um tempo para a nomeação e um lugar a partir do qual é enunciada. A precipitação por parte do analista, a interpretação teórica, o seu próprio narcisismo colocam o analisando no campo dos mesmos fracassos que o levaram à sua estruturação patológica.

Harold Searles, em um texto clássico,[6] produto de sua longa experiência com pacientes esquizofrênicos, mostra claramente o que é desencadear situações em que as pulsões são convocadas e logo após impor uma frustração inesperada e desnorteadora. Trata-se de um jogo do sedutor, que produz, como diz Fédida, um curto-circuito na circulação do afeto. Se essa já foi interrompida anteriormente, a repetição transferencial traz potencialmente a possibilidade de reestabelecer tal circulação.

Aqui o elo entre o infantil e a transferência é dos mais estreitos. Não é preciso pensar que o restabelecimento da circulação será feito pelas mesmas vias pelas quais teria ocorrido na criança: isso seria negar todo o crescimento ulterior do paciente.

---

6 Searles, H. (1959). O esforço para enlouquecer o outro: um elemento na etiologia e na psicoterapia da esquizofrenia. *British Journal of Medical Psychology*, 4132: 1-18.

Não se trata tampouco de reconstruir um caminho de desenvolvimento que se teria visto interrompido e que deveria continuar por um roteiro de fases previamente estipulado. Não é essa a relação com o infantil que emerge do nosso estudo. Trata-se da pertinência da repetição às condições de emergência da estruturação do sujeito, que de algum modo impõe à transferência determinados caminhos: a compulsão à repetição do que precisa ser revivido para poder ser esquecido.[7]

Temos aqui delineado um modelo terapêutico derivado de *Luto e melancolia*. Sem o trabalho do luto pela perda do objeto, esse não pode ser esquecido, mantém-se vivo por meio de uma identificação patógena dentro do próprio ego. A importância desse modelo para a compreensão da transferência é fundamental. O não metabolizado (Laplanche e Aulagnier) permanece ativo no inconsciente, insiste, sua natureza pode ser das mais variadas, desde impulsos ternos a ataques destrutivos, conforme as vicissitudes da história pulsional singular de cada um. Não há um caminho preestabelecido para a repetição, mas existe o "pertencer a uma esfera de situações conflitivas", cujas marcas estão estampadas nas organizações defensivas do sujeito e que correspondem à sua própria história. Portanto, as relações entre o infantil e a repetição não são nada simples, embora decisivas, e convém observá-las mais de perto, introduzindo agora o elo da memória.

4.4. O infantil, o outro e a repetição

No capítulo dedicado à fantasia inconsciente, tivemos a oportunidade de discutir as diversas concepções sobre a origem da fantasia,

---

[7] Este é o caminho que a fantasia inconsciente traça de algum modo para a repetição. Vemos como se entrelaçam aqui as considerações do capítulo anterior com a transferência.

o que considerei necessário na medida em que essa discussão precede a tentativa de apreender as relações entre a transferência e a esfera de fenômenos que se relacionam com a pré-história infantil. Relembremos que encontramos posições voltadas para um quase inatismo da fantasia, e aqui poderíamos falar de uma abordagem genética do inconsciente. Outra das posições encontradas obedeceria a um esquema mais estrutural da fantasia, no qual a história também adquire uma importância secundária. Interessava-nos poder apreender outras modalidades pelas quais a impressão (*Eindruck*) e a experiência vivida (*Erlebnisse*) poderiam contribuir na estruturação da fantasia. Quanto à transferência, não poderia ser diferente, o mesmo tipo de questão se coloca. No entanto, a percepção do fator da compulsão à repetição fortalece sobremaneira a necessidade da nossa indagação. Indagação referente à especificidade da transferência em relação ao modo como compreendemos as maneiras pelas quais o passado marca o presente.

No texto *Sobre as lembranças encobridoras* (1899), dizia Freud: "Uma parte destas lembranças encobridoras deve sua significância a seu vínculo com vivências da primeira infância que permaneceram sufocadas..." (1899/1986, p. 313). Freud continua falando da complexidade dos processos mnêmicos e mostrando sua perplexidade diante da aparente ausência de memória de impressões infantis determinantes para o futuro. Nesse sentido, a alusão usada para aquele momento é um questionamento da memória consciente, na medida em que ela é elaboração secundária.

Maurice Dayan (1985) tentará nos mostrar como Freud opera a passagem de uma temporalidade pré-histórica do sujeito para a "atemporalidade do inconsciente". Dayan aponta, sobre esse tema, a relação entre o vivido na esfera da sexualidade infantil e o campo da neurose. Apoia sua argumentação numa passagem da *Interpretação dos sonhos*. "As impressões da primeira infância (do período pré-histórico que vai até a vizinhança dos três anos completos) aspiram à reprodução, talvez sem que isto dependa de algum outro modo do conteúdo delas ... a sua repetição é somente uma realização de desejo" (Freud, 1900/1986, p. 255). Dayan (1985, p. 380) aponta o vínculo existente entre impressão com a realização do desejo, o que implica, segundo o autor, em:

> *admitir que a força da impressão se converte em compulsão à repetição e que o desejo que ali se realiza necessita apenas desta força para formar-se. Em todo caso, parece que entre a impressão recebida e o desejo experimentado existe um vínculo diferente daquele expresso pela nostalgia de uma satisfação; um vínculo que poderíamos chamar de traumático-pulsional e que se situa para além do princípio do prazer.*

É exatamente esse vínculo traumático-pulsional associado às impressões que nos interessa na perspectiva da repetição transferencial, tanto como resistência quanto como possibilidade aberta a uma ressignificação. Gostaria de apontar que, se nos reportarmos ao item 2.1 deste trabalho, em que fazemos referência às diferentes formas de memória seguindo uma classificação proposta por Green, encontraremos a última das categorias por ele proposta. Trata-se da memória amnésica, um aparente paradoxo.

A que tipo de registro estaria se referindo o autor? Pois, tratando-se de abandonar o paradigma anamnésico, por que recorrer à memória? Nesse sentido, vejo como complementares as abordagens de Dayan e Green.

Dayan aponta o fracasso do paradigma da memória como evocação, no entanto, resgata, como o faz notar Mezan (1991), a categoria de impressão,[8] correspondente às vivências infantis. Green refere-se nesse caso a uma distinção talvez um pouco mais sutil: por um lado, estariam os derivados mnêmicos, por outro, a memória amnésica. Os primeiros incluiriam, além dos sonhos e dos delírios, as repetições atuadas. Os últimos principalmente ligados a situações de separação, desnarcisização, intromissão, que, segundo o autor, constroem-se sobre uma posição subjetiva desnarcisizada demais para admitir que esse psiquismo possa dirigir-se a um outro historicamente anterior.

Compreendemos a distinção feita por Green como discriminando uma repetição de natureza neurótica, que se dá num contexto de simbolização estabelecido, e uma outra de natureza muito mais traumática, no campo de formações psicóticas, embora podendo coexistir em personalidades neuróticas. Veremos, ao abordar o tema das construções, a utilidade que pode ter essa última distinção.

A meu ver, é a partir da segunda tópica freudiana e de alguns dos textos que a antecedem que o tema ganha nova força e elementos para sua teorização. Trata-se de alguma forma de retomar a questão do traumático, mas não na pontualidade do evento tal como a teoria da sedução propunha. Os trabalhos de Ferenczi[9] me-

---

8 Tínhamos concluído o capítulo anterior enfatizando a importância dos processos introjetivos para a constituição da relação de objeto. Vejamos que a noção de impressão como está sendo utilizada vem de encontro a essa ênfase, pois não se trata de um mero registro, mas de um processo ativo, pulsionalmente investido

9 Mesmo que Freud tenha discordado de muitas das suas experiências, como da técnica ativa ou da neocatarse, suas investidas e seu profundo envolvimento com a clínica impulsionaram um diálogo fértil na década de 1920. Nesse período, embora Freud não tenha produzido textos eminentemente técnicos, seus trabalhos são de fundamental importância para uma renovação da perspectiva clínica; suas marcas estão presentes nas abordagens de Klein, Balint, entre outros.

receriam um estudo minucioso, pela sua contribuição no resgate dessa dimensão e sua presença na clínica.

O avanço no estudo dos processos identificatórios a partir de *Luto e melancolia* e *Introdução ao narcisismo*, e a postulação das instâncias ideais, incluindo o superego e a constituição do ego, permitem apreender a existência de um aparelho psíquico altamente complexo, no qual essas impressões poderão ter uma inscrição. Inscrição que, como bem sabemos, será produto de um interjogo pulsional. Mas interessa-nos enfatizar que os registros passam a compor concretamente a realidade psíquica do sujeito. Ora, percebemos com clareza a distância entre tal referência e um infantilismo do inconsciente, ou ante fases de desenvolvimento estabelecidas *a priori*. Não falamos de uma criança que se conserva no adulto tal qual fora, do que poderíamos derivar uma noção de transferência que poria em jogo a criança que existiu no passado, conservada, intacta num registro inconsciente. O que aparece na situação transferencial é a realidade psíquica, sobre cuja composição diz Dayan (1989, p. 81):

> *O que chamamos realidade psíquica não é, nesta perspectiva, uma vida interna sui generis e sem relação com a exterioridade. É o resultado de uma extração e uma interiorização do modo de composição da realidade, incluindo os envoltórios dos possíveis de que se trata aqui. Mas este modo tampouco foi construído somente a partir das experiências reais feitas pela criança.*

> *Deriva, pelo contrário, de uma configuração de representantes pulsionais, apoiando cada um dos diferentes cenários, que as marcas das experiências precoces corroboraram ou invalidaram de forma desigual – e às*

quais consequentemente o recalcamento não se aplicou da mesma maneira nem com a mesma intensidade.

A partir dessa perspectiva, vemos que a pertinência dos fenômenos transferenciais à esfera do infantil não obedece de forma alguma a uma linearidade causal. O campo de força que o infantil organizado na trama psíquica constrói é de uma densidade, que seus efeitos se fazem presentes não apenas no recalcamento, mas constituem a essência da atemporalidade do inconsciente. O que a transferência possibilita é a colocação em ato dessa organização. Isso permite, às vezes, que seja desconstruída uma trama defensiva, porque põe em evidência, por meio da reconstrução, as modalidades pelas quais, aprisionadas nos efeitos das impressões, as vias do prazer ou da sublimação se viam impedidas. Trata-se de recuperar aquilo cujo registro não pode ser metabolizado.

Freud, em *Inibição, sintoma e angústia* (1926), aponta três fatores que operam na causação da neurose: biológico, filogenético e psicológico. No primeiro, refere-se ao estado de desvalimento e dependência no qual a criança nasce. Isso conduz, diz Freud, a uma diferenciação prematura do ego em relação ao Id, deixando a criança na incômoda posição de ter que responder a estímulos externos e pulsionais em relação aos quais seu frágil ego não consegue fazer face. Em segundo lugar, refere-se à intensidade das pulsões sexuais e às marcas que a história deixara sobre elas. Em terceiro lugar, aponta as imperfeições na constituição do ego. Esse ponto é mais detalhado em *Ego e o Id* (1923), em que se refere à servidão do ego em relação às exigências do superego e às demandas pulsionais. Em *Análise terminável e interminável* (1937), referindo-se à etiologia das neuroses, voltará a mencionar os mesmos fatores, só que de um modo muito mais pessimista em relação às possibilidades terapêuticas. Ao lado da intensidade das pulsões e das alterações constitucionais do ego, coloca a influência de situações traumáticas precoces, as quais um ego imaturo não pôde enfrentar com sucesso. No entanto, serão essas últimas, aos olhos de Freud, que oferecerão maiores possibilidades de efeitos terapêuticos. Assim, cabe compreender melhor de que situações traumáticas se trata e por quais meios pode a intervenção analítica operar uma nova tramitação.

Se há alguma coisa em comum na Psicanálise Contemporânea que possa reunir em torno de si analistas neo-kleinianos, freudianos, winnicottianos, lacanianos etc., é o crescente papel atribuído ao outro humano na constituição do sujeito. Os modos e a ênfase variam conforme os diferentes modelos de teorização,[10] mas cada vez menos encontramos posturas solipsistas. Como temos enfatizado, isso tem suas origens em diferentes passagens da obra de Freud.

> *Na vida anímica do indivíduo, o outro conta, com total regularidade, como modelo, como objeto, como auxiliar e como inimigo, e por isto mesmo a psicologia individual é simultaneamente psicologia social neste sentido mais lato, mas inteiramente legítimo.* Freud (1920, p. 67).

Dada a ênfase maior outorgada ao patológico na obra de Freud, muitas vezes perdemos de vista a importância dos modelos identificatórios na estruturação do sujeito.[11] A dimensão traumá-

---

10 Silvia Bleichmar (1986), em seu livro *En los orígenes del sujeto psíquico*, desenvolve um rigoroso trabalho comparativo dos diferentes modelos de compreensão da intersubjetividade em psicanálise e suas consequências para o trabalho clínico. Sem dúvida o trabalho é um marco para análise de crianças e muito tem influenciado nossa abordagem. Teremos oportunidade de fazer referência a suas ideias no último capítulo.
11 Jurandir Freire Costa, em *Narcisismo em tempos sombrios*, aponta com a

tica do contato com o outro[12] foi preocupação constante de Freud, embora por muitos momentos houvesse dedicado sua atenção ao aprofundamento do estudo dos mecanismos e das estruturas intrapsíquicas. O próprio fenômeno transferencial coloca o psicanalista diante da necessidade de compreensão não só da estrutura intrapsíquica e dos conflitos intersistêmicos, mas também da situação psicanalítica que envolve um campo intersubjetivo.

> *O trato da criança pela pessoa que dela toma conta é para ela uma fonte contínua de excitação e de satisfação sexual das zonas erógenas, ainda mais pelo fato de que esta pessoa – via de regra a mãe – direciona à criança sentimentos que brotam da sua vida sexual, a acaricia, a beija e balança, e claramente a toma como substituto de um objeto sexual de pleno direito.* Freud (1905/1986, p. 203).

Nessa constatação, Freud abre caminho para toda uma obra pós-freudiana, que centrará sua investigação no papel do desejo materno na constituição da subjetividade da criança. Um dos trabalhos pioneiros foi o de Lacan,[13] que teve continuidade em trabalhos extremamente ricos sobre análise de crianças, como os de Dolto e Mannoni. Nesses trabalhos, os autores tentam mostrar até que ponto a criança pode ser capturada pelos fantasmas maternos e, se não houver a possibilidade de intervenção de um terceiro

---

lucidez que lhe é característica as representações necessárias do ego, tanto do ponto de vista de um projeto social como das aspirações de um ideal do ego.
12 O trauma da sedução dará lugar para a instauração da sexualidade apoiada nas funções de autoconservação, mas também pela presença do adulto. Freud descreve isso em *Três ensaios sobre a teoria da sexualidade* (1905) e Laplanche amplia tal desenvolvimento em *Vida e morte em psicanálise*.
13 Lacan, J. (1984). El estadio del espejo como formador del yo [je] tal como se nos revela en la experiencia psicanalítica. *Escritos 1*.

nessa situação dual, as saídas serão de uma psicose simbiótica ou uma debilidade nos casos mais graves. Assim como o outro é necessário para a narcisização da criança, também o é para a constituição das primeiras identificações; a relação carrega também um potencial patógeno nada desprezível.

A atenção dedicada ao fenômeno da repetição e às reações contratransferenciais inconscientes do analista permitiu uma maior compreensão da dimensão traumática inerente à constituição subjetiva. Se, como diz Green (1988), "as variantes técnicas buscam a preservação das condições mínimas para simbolização", isto se deve a que os analistas estão cada vez mais sensíveis às manifestações de uma angústia inominável, ou a manifestações psicossomáticas, ligadas a situações traumáticas que resistem à significação, que talvez jamais lhes possa ser conferida. O papel traumático da relação com o outro, embora presente desde os *Estudos sobre a histeria*, como analisamos neste trabalho,[14] foi sofrendo uma transformação na obra de Freud.

Baranger[15] e colaboradores, num trabalho abrangente, mostram a evolução do conceito de traumatismo. Não discutiremos exaustivamente essa evolução, remetendo-nos ao texto citado. Nosso foco recai sobre a passagem da noção de um único evento traumático para a noção de "situação traumática". Nesse contexto, coloca-se em jogo a situação de "desvalimento" do bebê.

Em *Inibição, sintoma e angústia* (1926), Freud não só reformula sua teoria da angústia, invertendo a relação entre angústia e

---

14 Somente para nomear alguns: de M. Mannoni, *A criança, retardada e sua mãe, A criança sua doença e os outros, A primeira entrevista com o analista*; de Dolto, *No jogo do desejo*.
15 Baranger, M.; Baranger, W.; Mom, J. (1987). El trauma psíquico infantil, de nosotros a Freud: trauma puro, retroactividad y reconstrucción. *Revista de Psicoanálisis*, Montreal, 44 (04): 745-774.

recalque, como também amplia sua teoria a respeito das situações traumáticas. Ao lado da angústia de castração, Freud outorga importância a todas as situações de perda, que colocam o sujeito numa posição de desvalimento, que opera como pré-condição traumática.

> *O perigo do desvalimento psíquico se adequa ao período de imaturidade do ego, assim como o perigo da perda do objeto à falta de autonomia dos primeiros anos da infância, o perigo de castração à fase fálica, e a angústia face ao superego ao período de latência. No entanto, estas situações de perigo e condições de angústia podem conviver lado a lado, e levar o ego a certa reação de angústia ainda em épocas posteriores àquelas em que seriam adequadas; ou várias delas podem exercer ação eficaz. Freud (1926/1986 p. 134).*

As situações que Freud evoca são inerentes a toda a vida infantil. Embora encerrem angústia e perigo, não são necessariamente traumáticas. "Chamamos traumática a uma situação de desvalimento vivenciada; temos então boas razões para diferenciar a situação traumática da situação de perigo" (1926/1986, p. 155).

A situação de perigo é uma situação na qual se antecipa o traumático. Nela, diz Freud, a angústia tem duas funções: antecipar o perigo e produzir repetição diminuída do trauma. Se seguirmos o raciocínio de Freud, veremos que o perigo neurótico é acima de tudo um perigo pulsional. A capacidade de enfrentar as investidas pulsionais da criança por ela mesma e pelo seu meio é de fundamental importância, na medida em que se coloca em jogo o sentido traumático das impressões infantis.

O infantil, desse modo, está condicionado a se instaurar como um marco traumático pulsional que intermedia a experiência da realidade e o registro inconsciente. Marco que, ao instaurar-se, existe como condição de possibilidade e abertura para o mundo, assim como seu limite. Mas qual a razão dessa brecha entre o adulto e a criança? Laplanche (1987, p. 132) propõe o seguinte:

> *O confronto adulto-criança envolve uma relação essencial de atividade-passividade, ligada ao fato inegável de que o psiquismo parenta) é mais "rico" que o da criança. Mas, diferentemente dos cartesianos, só falaremos aqui da maior perfeição, porque esta riqueza do adulto é também a sua fraqueza: a clivagem com o seu inconsciente.*

A perspectiva que Laplanche focaliza, seguindo uma trilha já aberta anteriormente por Ferenczi, é a natureza inassimilável na sua totalidade do encontro do bebê com o adulto. Mas, diferente de Ferenczi, Laplanche aproxima-se de Freud, quando vê nisso o aspecto fundante do inconsciente, e sua irredutibilidade a qualquer análise será o limite do originário.

Meu interesse pela modificação da teoria do trauma em Freud deve-se ao que ela é e que permite avanços na compreensão da intersubjetividade[16] dentro da perspectiva psicanalítica. Esse percurso pela problemática do infantil em relação à transferência e à repetição nos instrumentalizou para podermos lançar um olhar mais cuidadoso sobre a questão da temporalidade. Será a partir dessa perspectiva que tentaremos no próximo capítulo amarrar algumas conclusões sobre o infantil.

---

16 Não foram só os analistas franceses que impulsionaram essa vertente. Balint, com a teoria da "falta básica", Winnicott, com seus estudos sobre o espaço potencial, Khan com a noção de "trauma cumulativo" – todos eles contribuíram para uma maior compreensão da emergência dos aspectos não-simbolizados na transferência.

5. Religando: tempo e memória

O tempo é a substância da qual sou feito.
O tempo é um rio que me leva, mas eu sou o tempo;
é um tigre que me rasga, mas eu sou o tigre;
é um fogo que me consome, mas eu sou o fogo.

(Jorge Luis Borges)

5.1. Sílvia, tempos estanques

Há alguns anos, contaram-me a seguinte situação: um indivíduo estava à procura de uma análise. Bastante angustiado, procura por um analista e no decorrer da entrevista se evidencia uma dificuldade do analista em atendê-lo (por razões financeiras). Isso não seria nada incomum no nosso contexto. O que surpreende é que o analista diz ao seu entrevistado para se "organizar" financeiramente e talvez procurá-lo em outro momento, emitindo o seguinte comentário para justificar sua atitude: "o inconsciente é atemporal". Ora, nada haveria de estranho se o analista resolvesse não atender o entrevistado ou encaminhá-lo para outro colega, o que espanta é a justificativa da espera, dado que no inconsciente não há registro da temporalidade. Aqui opera-se uma verdadeira redução do sujeito ao inconsciente, desconsiderando completamente sua dimensão de sujeito histórico, como a dimensão da angústia ligada à sua emergência no ego.

Tivemos oportunidade de mostrar nos capítulos anteriores que a questão da temporalidade está contida desde a teoria da sedução na obra freudiana e cada vez mais foi ganhando relevância com a teoria da transferência e da repetição. No entanto, não são muitos os analistas que se dedicaram à discussão desse tema tão central e por momentos especulativos. O que é fundamental do ponto de vista metapsicológico é que lidamos com instâncias que operam de modo diferente com as representações e que, se o processo primário é o modo de funcionamento inconsciente, o processo secundário domina o consciente. Portanto, o problema clínico é o de lidar com pelo menos dois modos de experiência temporal: atemporalidade inconsciente e tempo cronológico. Penso ser essa uma das encruzilhadas mais fascinantes da experiência da análise. A fim de manter a singularidade das diferentes modalidades de experenciar o acontecer psíquico, tornar consciente o inconsciente apresenta outra face além da representacional. Uma dimensão temporal: inscrever numa temporalidade cronológica o não-tempo do inconsciente.

Muitos dos casos apresentados no presente trabalho correspondem à clínica com crianças, obedecendo a duas motivações principais. A primeira, porque foi a partir das situações clínicas que iniciei as reflexões que conduziram a esta obra. A segunda, menos circunstancial, foi a minha intenção de apontar a dimensão do infantil tanto na criança como no adulto, de forma que, como vai se delineando ao longo do trabalho, o que está em jogo é diferenciar a noção de infantil para a Psicanálise das ideias de infância e de infantilidade do comportamento. Pretendo ilustrar essas ideias a partir da análise de uma paciente adulta. O exemplo vai abrir as portas para uma compreensão da dimensão temporal inerente à composição do infantil. Pretendo discutir o que chamamos de regressão, assim como a vigência do passado no presente e sua relação com as construções. Embora enfatizemos, neste capítulo, aspectos ligados à temporalidade, nosso percurso tem lidado continuamente com a memória e o tempo. O próprio andamento do nosso trabalho foi nos mostrando até que ponto essas duas dimensões do psiquismo são solidárias. Logo, chega à conclusão que seria redutor ou quase inconcebível pensá-las como variáveis independentes da vida psíquica do sujeito.

Sílvia é uma mulher de aproximadamente 30 anos. Já tivera uma experiência terapêutica anterior: diz que fora importante, mas interrompera após dois anos. Pergunto o que a leva a procurar uma nova análise, ela fala da sua dificuldade de estabelecer relações duradouras com os seus namorados e diz também que procura uma relação terapêutica menos distante. Coloca um certo ceticismo quanto à psicanálise.

Mora com seus pais, mas mantém uma situação de bastante isolamento em relação a eles. Quando lhe é cobrada uma maior participação na vida familiar, sente-se exigida. No entanto, demanda dos pais uma atenção e uma compreensão que diz não lhe ser oferecida. Queixa-se da falta de entusiasmo em relação ao seu trabalho e seus colegas, sente que eles também lhe cobram maior esforço quando, segundo a paciente, não desenvolvem adequadamente suas tarefas, "parece que tudo está nas minhas costas". Alude a momentos de fraqueza física, "baixa resistência", resfriados frequentes e dores de cabeça. No início, costumava chegar bastante atrasada às sessões, queixando-se sempre por dispor de pouco tempo para si mesma.

Paradoxalmente, o tempo que dispunha na sessão não podia ser inteiramente usufruído, devido a seus atrasos. Um aspecto que chama a atenção em Sílvia é a dificuldade em enfrentar as exigências de um mundo adulto: um desejo de autonomia econômica e independência afetiva contrasta com o não-reconhecimento do esforço necessário para tal conquista. Deseja a liberdade, mas teme a solidão. Procura a proximidade, mas não suporta a demanda alheia. Diante das contradições inconscientes, Sílvia mostra-se impotente, fraca, entrega-se a uma postura quase melancólica, que também se apossa de seu corpo. Vou me referir a uma sessão que aconteceu depois de ter iniciado a sua análise há um ano. Sílvia vive um momento importante da sua vida, a possibilidade de concretizar um sonho. Ante essa situação, decidiu tomar a iniciativa: propõe ao seu namorado pensar em casamento. Sua proposta não é rejeitada, mas também não é correspondida de imediato.

Faço um comentário no início da sessão sobre um reajuste do valor, em função de um acordo anterior em que tínhamos suspendido os reajustes decorrentes da inflação por dificuldades suas.

A analisanda diz que verá se pode, mas que ela tinha entendido que os reajustes seriam reiniciados na medida em que ela pudesse (não fora esse nosso acordo). Diz que está abatida, cansada, fala que está gripada. Sente-se carente, reclama que as pessoas não lhe dão carinho.

Digo a ela que talvez a não aceitação imediata da sua proposta a frustrara a tal ponto que a derrubara. Penso que não é de tristeza ou de raiva que ela me fala, mas de uma espécie de adormecimento afetivo, de um corpo sem resistência, de um psiquismo que se mostra impotente diante da realidade. Assinalo que provavelmente esse seja um modo muito antigo de ela reagir às frustrações afetivas.

Sílvia relata que desde pequena sempre fora uma menina que não dera muito trabalho, ia bem na escola, nem a melhor nem a pior das alunas. Seus irmãos se destacavam e recebiam, aos seus olhos, toda a atenção materna, ora por serem muito bons, ora por precisarem de ajuda. Diz que se sente carente afetivamente e que seu namorado lhe disse que ele lhe oferecia carinho.

Tenho a impressão de que casar para ela representa um relacionamento em que ela espera ser cuidada, talvez como ela imagina não ter sido suficientemente pela sua mãe, como ela gostaria que eu também o fizesse, arcando eu mesmo com o custo da sua análise e, quando percebe que o outro não se coloca nesse lugar, ela fica desapontada. Mas o desapontamento não é passível de ser transformado em diálogo, e sim, de imediato, em "baixa resistência". Assim ela acaba se privando de conhecer seus próprios sentimentos de frustração e de investigar o que acontece na sua relação com o outro, mãe, namorado, sócios, analista.

Por razões ligadas à preservação do sigilo, não vou comunicar mais detalhes do caso, acrescentando apenas que seu material é rico em associações e que seus pais ocupam um lugar muito atacado conscientemente, mas, a meu ver, de extrema idealização inconsciente. Isso a conduz a permanecer numa posição de submissão a uma série de exigências ideais que impedem seu crescimento.

O conteúdo dessa sessão pareceu-me útil neste momento da nossa discussão por alguns motivos:

a) reflete um modo de trabalho: nesse sentido, poderíamos apontar outras situações que obedeceriam a um tipo de estrutura;

b) permite uma certa investigação da pertinência do fenômeno transferencial à esfera do infantil;

c) abre caminho para a discussão subsequente do passado no presente e a questão das construções em análise.

Sílvia se apresenta à análise com muito ceticismo em relação ao vínculo que poderá estabelecer com o analista. Duvida inicialmente que o analista possa ser uma pessoa afetiva e teme uma relação distante. Encontrar um objeto que não só satisfaça sua demanda, mas que também se antecipe a ela; só assim Sílvia se sentiria ressegurada pelo objeto.

O desenvolver do processo analítico permite supor que estamos lidando com um psiquismo que, embora adaptado em alguns aspectos à realidade do mundo adulto, vive em permanente insatisfação com esse mundo e consigo mesmo. Isso porque não consegue encontrar o objeto e tenta em muitos momentos configurar imaginariamente sua subjetividade seguindo aquilo que o outro supostamente gostaria que ela fosse. A diferença é vivida como ameaça, rejeição, Silvia se paralisa diante da rejeição, não pode investigá-la. Pesquisar a diferença de relacionamento da sua mãe com seus irmãos homens seria se aventurar nos caminhos da investigação sobre a sexualidade infantil, sobre a diferença dos sexos.

Sílvia tem dúvidas quanto ao seu jeito de ser mulher. Dependência ou independência diante do homem carregam as marcas das diferenças entre meninos e meninas. A impossibilidade de uma identificação com a figura materna esvazia o feminino de uma potência singular, diferente da masculina. O que é Sílvia? Mulher, menina ou menino, bebê na expectativa de um seio que tudo preencha? Que temporalidade rege sua vida, passado no presente, presente contínuo que nunca operou uma historização, permitida só pelo luto do que não pôde ser para abrir as portas do vir a ser?

Sílvia não pode vir a ser, pois sua potência criadora está presa num deve ser que confina a ela e ao objeto numa tirania especular.

E o analista, o que escuta? Diz Fédida (1988): "O analista se capacita para ouvir o infantil: no atual ouve o inatual. Esta relação entre o atual e o inatual define a temporalidade ambígua de todo tratamento psicoterápico" (p. 49). Aponta a não linearidade do tempo e isso nos obriga a um aprofundamento na conceitualização da atemporalidade do inconsciente. Sobre isso, diz Freud (1933/1986, p. 69):

> *Dentro do Id não se encontra nada que corresponda à representação do tempo, nenhum reconhecimento de um transcorrer temporal, e o que é muito surpreendente e aguarda ser apreciado pelo pensamento filosófico – nenhuma alteração do processo anímico pelo transcorrer do tempo. Impulsos de desejo que nunca saíram do Id, mas também impressões que foram enterradas no Id pela repressão, são virtualmente imortais, se comportam durante décadas como se fossem acontecimentos novos. Só é possível discerni-las como passado, desvalorizá-las, e retirar seu investimento energético, quando se tornaram conscientes por meio do trabalho analítico, e nisto reside, em grande parte, o efeito terapêutico do tratamento analítico.*

É na possibilidade de historização que reside grande parte do tratamento psicanalítico. Pois, se o inatual e o atual convivem, que necessidade teria o analista de operar com essas categorias? Poderíamos lidar exclusivamente com o presente transferencial e ignorar que as coisas têm uma relação com o passado histórico-pulsional. Assinalar ao paciente a omnipotência da sua fantasia transferencial por si só seria suficiente para ressignificar sua relação face a seu desejo inconsciente?

Freud se preocupa sobremaneira com determinar quais eram as condições do recalque. Em outras palavras, o que determina a presença do inatual no atual, ou porque o sujeito lida com situações do presente como o fazia no passado. Muitos veem na noção de fixação proposta por Freud um anacronismo ligado à sua concepção energética da libido e dos afetos.

No entanto, quer o coloquemos como uma impossibilidade de tradução de um sistema para outro (Carta 52), quer como uma dificuldade de metabolização (Laplanche e Aulagnier), trata-se de estabelecer a "possibilidade de circulação" (Fédida) entre sistemas que permanecem fechados. Colocar em contato os diferentes tempos não é outra coisa que levar a sério as palavras de Freud: "ninguém pode ser vencido *in effigie*". A situação transferencial possibilita a emergência do desejo infantil, que carrega consigo as marcas da sua história de frustrações e realizações, de frustrações e satisfações, de memória e amnésia. A memória dentro da concepção não funciona como evocação, mas como "antecipação perceptiva" (Green, 1990), uma configuração atual e relacionada de modo direto e sem mediação com acontecimentos-fantasmas inconscientes que não conseguiram entrar numa verdadeira latência, não foram realmente esquecidos. No contexto da presente discussão, parece-me importante destacar que, quando concordamos com Green que a memória funciona como antecipação perceptiva, estamos completamente dentro do regime de funcionamento da pulsão e do registro das identificações (edípicas ou pré-edípicas). É o caráter pulsional restituído que imprime sua marca ao modo particular de funcionamento da temporalidade no inconsciente. A incoercibilidade da pulsão, sua força constante, sua fonte de estímulo inesgotável obriga o aparelho psíquico a ter que dar conta, de algum modo, dessa demanda.

As demandas e saídas que o sujeito encontrara outrora se constituem como núcleo infantil do seu inconsciente. Um infantil que será produto de suas escolhas identificatórias possíveis, em relação ao semelhante com quem partilhará a aventura edípica de se constituir como sujeito sexuado. Sabemos das dificuldades e das impossibilidades do processo, assim como também das potencialidades que ele produz.

O processo analítico não é a recuperação de uma lembrança passada, mas a possibilidade de o infantil se constituir como memória do sujeito. Esse infantil jamais se esgota, ele é a fonte dos possíveis e dos impossíveis e, como o solo das nações, permite muitas edificações, até muitas civilizações, mas também é limite.

A "baixa resistência" de Sílvia pede um sentido, uma palavra que a ressignifique. Sabemos que a palavra oculta revela; nomeação na análise possibilita que os significantes hipostasiados em sentidos aprisionadores da liberdade do sujeito possam passar a circular por outros caminhos. Reestabelecer a função metafórica da linguagem é libertá-la de um código estereotipado. Mas isso não se dá por um processo racional: ressignificar a própria história é restabelecer uma nova relação com o infantil, é permitir a circulação entre tempos estanques. Transformar a relação com as imagos inconscientes obedece a um duplo movimento interpretativo e reconstrutivo. Podemos observar que quando dirigimos nosso olhar para o passado, para as impressões que nos são narradas por Sílvia, não estamos presos à tentativa de reconstruí-lo tal como ele foi ou apontar que Sílvia não superara tal ou qual fase do desenvolvimento psicossexual para atingir outra. Nenhuma das posições, a meu ver, obedece ao espírito do processo psicanalítico e tampouco como compreendemos a noção de infantil. Segundo a primeira possibilidade, estaríamos presos a uma visão ingênua da história, que não levaria em consideração a importância dos processos introjetivos e projetivos. O segundo modelo desconsideraria a singularidade do paciente face ao modelo teórico em questão, pré-condicionando sua análise a um ponto de chegada, assim como julgando o ponto de partida: o modelo ocuparia um papel axiológico e não de referencial teórico auxiliar.

Coloca-se a necessidade de dar conta de dois aspectos da temporalidade do sujeito: o primeiro obedece à citação de Freud, à atemporalidade do inconsciente, à obstinação onipotente do desejo; o segundo, à finitude da existência humana, à presença da morte que nos coloca ante a irreversibilidade do tempo.

Duas tendências: no Id um tempo que não transcorre, que é eterno, que obedece ao processo primário, que ignora o referente, pois ele é senhor absoluto, um outro tempo finito no corpo e na existência humana, tempo do corte, do desmame, das perdas, da castração, da morte. É na intersecção desses tempos que o sujeito se abre para vida. Trata-se da instauração do que Freud chamou de princípio de realidade em *Dois princípios do funcionamento mental*.[1] Tanto Freud como Ferenczi viam como oposição ao *Princípio de realidade* uma tendência inerente à própria natureza da inércia da matéria. Em outros textos, aparece de um modo menos biologista como uma tendência a evitar a dor psíquica e o desprazer inerentes a uma irrupção na consciência de determinados aspectos da vida inconsciente. Instaurar uma temporalidade cronológica implica num longo processo sobre o qual pretendemos oferecer algumas referências no próximo parágrafo.

---

1 Sándor Ferenczi (1913), no texto *O desenvolvimento do sentido de realidade e seus estádios*, visa ampliar as colocações de Freud no texto referido. Ao longo de sucessivas descrições da onipotência do desejo infantil, conclui: "O desenvolvimento do sentido de realidade se apresenta em geral como uma série de arrancadas sucessivas de recalcamento, a que o ser humano é constrangido pela necessidade, pela frustração, e não por tendências de evolução espontâneas". Continua em nota de rodapé no mesmo trabalho: "Se formos até o fim deste raciocínio, devemos considerar a existência de uma tendência à inércia ou de uma tendência à regressão, dominante mesmo na vida orgânica; a tendência à evolução, à adaptação etc., dependeria, pelo contrário, unicamente de estímulos externos".

5.2. O tempo e o luto

A representação do tempo não é uma categoria *a priori* dada à consciência humana. O trabalho com pacientes psicóticos e autistas nos mostra modos muito particulares de relação com o tempo. Também nossa apreciação subjetiva varia enormemente. Às vezes, parece que o tempo "não passa", outras vezes, temos a impressão de que transcorreram alguns minutos e, no entanto, passaram-se horas. Uma criança disse-me no consultório: "me sinto como se fosse um velho". Um senhor de idade lamenta sua idade cronológica, pois sente-se um jovem. Como a consciência constrói a representação temporal? Sem entrar num campo especulativo, sabemos, a partir de relatos clínicos, principalmente de trabalhos com crianças psicóticas, que a relação do par presença-ausência é fundamental para a constituição do sujeito e a instauração dos processos de simbolização. Essas relações são precursoras de representações temporais, como veremos. Também sabemos das reações de alguns pacientes perante o intervalo entre sessões, fins de semana ou férias, assim como também faltas inesperadas do analista ou situações de doença dele. Parece existir algum tipo de relação entre a expectativa que se desenvolve diante do objeto e do efeito que a ausência dele produz. Obviamente, as modalidades dependerão do momento da vida do sujeito em que as ausências aconteceram e do valor libidinal que o objeto tem para o sujeito. Mas como podemos compreender a relação entre presença e ausência na sua dimensão temporal?

Ora, se não consideramos o sujeito de um modo solipsista e se, como dissemos anteriormente, a representação consciente do tempo é construída, ela só pode sê-lo em relação ao outro. Quando Winnicott[2] teoriza a respeito do espaço potencial entre a mãe

---

2 Principalmente no artigo: *Objetos transicionais e fenômenos transicionais*, mas também nos outros capítulos do livro *O brincar e a realidade*.

e o bebê, fala da ilusão necessária para que o bebê possa passar progressivamente de ser apenas um com a mãe para se reconhecer como um eu separado dela. Mas, dirá Winnicott, se a criança é separada da mãe por um período maior do que tolera, a mãe morre para a criança, ou forma-se por renegação uma identificação com um objeto que é representante da não-separação. O que interessa é que se perde a oportunidade de fazer essa passagem de diferenciação progressiva eu-outro. A ruptura brusca pode condenar a criança a uma temporalidade estagnada.

Mas o que determina que a ausência tenha efeitos tão devastadores? Freud (1924) em *Nota sobre o bloco mágico* oferece alguns indícios. No texto, Freud compara o aparelho psíquico ao funcionamento do bloco mágico e permite-se fazer uma hipótese sobre a gênese da representação do tempo. Vamos explicitar esse modelo no que diz respeito ao aspecto perceptivo dele. Ele aponta que no bloco mágico o escrito desaparece cada vez que se suspende o contato entre o papel que recebe o estímulo e a tabuleta de cera que recebe a impressão. A seu ver, isso coincide com o funcionamento do aparelho perceptivo. O raciocínio de Freud é o seguinte: supõe que investimentos periódicos são enviados do interior do aparelho ao sistema P-Cc, que é completamente permeável. Enquanto permanece investido, recebe as percepções do exterior acompanhadas de consciência e as transmite aos sistemas mnêmicos inconscientes; assim que o investimento é retirado, extingue-se a consciência e a operação se suspende. Cito Freud (1925/1986, p. 247):

> Faço com que as interrupções, que no bloco mágico provêm do exterior, se produzam por interrupção da corrente de inervação; e a inexcitabilidade do sistema percepção, de ocorrência periódica, substitui na minha hipótese o cancelamento efetivo do contato... Conjecturo, ainda, que neste modo de trabalho descontínuo

do sistema P-Cc baseia-se a gênese da representação do tempo.

É possível relacionar essa hipótese de Freud com o modelo proposto por Winnicott. No modelo freudiano, o que determina a instauração do tempo é um ritmo da capacidade do sujeito de investir a realidade exterior[3] aparentemente independente do objeto fonte de estímulo exterior. Ante a constância de determinados estímulos exteriores, o modelo opera consequentemente. No entanto, quando o estímulo exterior é inconstante, força o aparelho psíquico a regular os seus investimentos, visando o reencontro com o objeto. Se isso não for possível por determinadas configurações do objeto (afastamento muito prolongado, inconstância), a representação temporal terá dificuldades de se instaurar. Consequentemente poderá operar num registro alucinatório, de forma a se defender da desorganização que o ameaça do exterior. No entanto, para que ocorra um exame da realidade, sustenta Freud (1925/1986, p. 256), "... devem ter sido perdidos objetos que outrora propiciaram uma satisfação objetiva (real)".

A ideia associa-se à noção de desilusão progressiva de Winnicott. Para que as perdas possam ter um registro psíquico, é preciso que num primeiro momento se instaure um registro da experiência da satisfação, T_0, para que posteriormente, num segundo momento, T_1, o investimento libidinal proporcione um reencontro com o objeto. Das vicissitudes do T_1 dependerá, em grande parte, a possibilidade de o sujeito se inscrever numa temporalidade histórica. O reconhecimento da ausência pode permitir a abertura para um novo tempo T_3 diferente dos anteriores ou, na impossibilidade

---

3 Não é fundamental para nossa descrição abordar se se trata de um limiar de excitabilidade neuronal ou, como compreendemos melhor o modelo freudiano, de um investimento do aparelho psíquico.

de suportar a dor da ausência, reinvestir T_0 numa perspectiva idealizada ou persecutória tal como Klein descrevera.

Percebemos então que, seguindo as hipóteses sustentadas por Freud, a possibilidade de o sujeito aceder ao novo, a uma temporalidade não exclusivamente restaurativa regulada pelo processo primário, depende das exponenciais de encontros e desencontros com os objetos libidinalmente investidos que ponham em xeque sua onipotência. Só a partir da possibilidade de reconhecer o interjogo entre presença e ausência poder-se-á instaurar uma cesura na atemporalidade do primário. É claro que o processo não é pontual, acompanhando o crescimento do infante desde as primeiras experiências pulsionais autoeróticas até seu reconhecimento como sujeito sexuado no contexto de determinada trama edípica singular. O processo descrito é como uma equação que há de repetir-se inúmeras vezes e que opera na dupla direção do apoio e do *a posteriori*. O reconhecimento de determinadas experiências edípicas, denominado de T_3, terá o poder de ressignificar situações não elaboradas, T_2. No entanto, o peso da impossibilidade de algumas aquisições pré-genitais T_2 comprometerá as vicissitudes edípicas.

Em outras palavras, o reconhecimento das perdas pelo trabalho de luto apontado por Freud em *Luto e melancolia* permite a instalação no sujeito do reconhecimento da irreversibilidade do tempo, condição necessária para conceber um futuro. O trabalho do luto pressupõe, diz Freud no referido texto, um desprendimento do sujeito em relação às lembranças da pessoa perdida. Retirar os investimentos libidinais do objeto implicam no reconhecimento de que o objeto amado não existe mais na realidade fáctica.

> *A isto se opõe uma compreensível relutância; universalmente se observa que o homem não abandona uma posição libidinal, mesmo quando seu substituto já*

desponta. Esta relutância pode atingir uma intensidade tal que produza um estranhamento da realidade e uma retenção do objeto por vias de uma psicose alucinatória de desejo. Freud (1917a/1986, p. 242).

Freud aponta a inércia pulsional em se desprender do objeto. Trata-se de enfrentar a dor pela perda, mas também a dor narcísica pela perda da onipotência ante a finitude da vida, a inexorabilidade do irrecuperável, que só pode ser mantida na lembrança. Assim, "... uma vez realizado o trabalho do luto, o ego torna-se outra vez livre e desinibido", Freud (1917/1986, p. 243). Esse modelo torna-se paradigmático para o trabalho da análise. O trabalho do luto é uma sorte de análise espontânea que as diferentes culturas de um modo ou de outro valorizam. E o que permite a retomada de uma perspectiva face ao futuro. Temos que enterrar os mortos para poder estar com os vivos.

A partir dessas colocações, vemos que a posição do infantil que procuramos dimensionar opera no inconsciente não como mero resíduo mnêmico, mas como núcleo introjetado de experiências reais, não míticas, que tiveram seu papel na estruturação libidinal e identificatória do sujeito. Pelas condições mais ou menos favoráveis na sua estruturação, o infantil opera como reservatório das potencialidades do sujeito.

Evoco alguns momentos significativos na análise de algumas crianças. Refiro-me à mesma situação ocorrida em análises de pacientes com quadro clínico bastante diversos, mas que, após algum tempo em análise (não poderia precisá-lo, nem me parece importante), o paciente diz algo mais ou menos assim: "lembra, Bernardo, como eu achava isto ou aquilo", ou "lembra como eu agia assim ou assado". Quando comecei a reparar que não era só um paciente, descobri que não se tratava de um fenômeno individual, mas que esses pacientes começavam a escrever sua própria história.

De algum modo não se abolia certa inércia atemporal, a possibilidade de historizar a própria vida e a experiência de análise poderiam significar a elaboração de um luto pela perda da onipotência infantil. Um certo grau de reconhecimento da irreversibilidade do tempo e, simultaneamente, um ganho pela possibilidade de se projetar para o futuro.

A partir dessa perspectiva, considero a duplicidade em relação à temporalidade solidária da que existe entre a noção de apoio (*Anhlenung*) e *a posteriori*. Historicamente, na obra de Freud, esses movimentos se referem ao apoio da sexualidade nas funções de autoconservação[4] e ao segundo movimento do traumatismo. Freud dirá que é um efeito retardado. O tempo do apoio é o tempo da emergência do desejo, é o tempo do originário, da experiência de satisfação. O tempo do *a posteriori* é apropriação da ressignificação e implica num redimensionamento da experiência. Não é apenas um depois, mas, como diz Le Guen (1984, p. 39), "é apropriação e historização. Vale dizer está sujeitado, orientado e pré-determinado pelo que foi, e modelado pelo atual". A questão da temporalidade, assim como a da ressignificação, leva nossa investigação ao controvertido campo do originário e das construções em análise, que permitirá abordar as relações entre tempo e história na Psicanálise. Esse será o tema do nosso próximo capítulo.

---

4 Laplanche (op. cit.) faz uma longa referência a esta noção em *Vida e morte em Psicanálise*.

6. Do modelo da construção à construção de modelos

> *Até os x anos de idade, você se considerava o único e ilimitado possuidor da sua mãe; apareceu então outro bebê e lhe trouxe uma séria desilusão.*
>
> *Sua mãe abandonou você por algum tempo e, mesmo depois do reaparecimento dela, nunca mais se dedicou exclusivamente a você. Seus sentimentos para com ela se tornaram ambivalentes, seu pai adquiriu nova importância para você . . ..*
>
> (Freud, 1937b/1986, p. 263)

6.1. Construções: às voltas com a história

> *A história, essa viagem ao outro, deve servir para fazer sair de nós, tão legitimamente quanto nos confortar com nossos limites.*
>
> (Paul Veyne)

A hipótese inicial que norteia este trabalho é, como colocamos na nossa Introdução, de que o infantil está situado, tanto na clínica como na teoria psicanalítica, num lugar privilegiado. A interlocução com o texto freudiano e as outras referências, assim como as observações clínicas, nos permitiram aprofundar essa hipótese, na perspectiva de compreender o infantil em relação ao modo de funcionamento do aparelho psíquico. Regime de funcionamento que é apreendido a partir da clínica centrada na transferência, com as implicações singulares que tivemos a oportunidade de sintetizar no final do capítulo anterior, no que concerne à memória e à temporalidade. Resta-nos investigar, a partir do percurso realizado, que tipo de relação se estabelece entre o infantil e o campo da construção ou reconstrução.

Há um campo de força do qual os analistas ora se aproximam ora se distanciam, constituído por duas polaridades, realidade psíquica e verdade histórica. Não se trata, a meu ver, de uma questão disparatada, ou que possamos reduzir sem mais nem menos a um dos seus polos. Por exemplo, a Psicanálise se ocupa da realidade psíquica, sustentando que recolocar hoje a questão da verdade, após todas as reformulações nas ciências humanas, seria anacronismo ou ignorância. Mas um número significativo de analistas, principalmente na França, mas não apenas ali, tem procurado investigar a situação a partir de diversas perspectivas: Laplanche, Aulagnier, Viderman, Le Guen, entre outros. Isso se nos mantivermos numa perspectiva mais próxima à metapsicologia freudiana. Dentro das escolas kleiniana e lacaniana, vários autores também tentam investigar tal relação.

Como tivemos a oportunidade de elucidar seguindo um caminho clínico-teórico, a constituição do sujeito, a instauração do que Freud chamou de realidade psíquica correspondem a momentos reais de estruturação do aparelho psíquico e de suas instâncias.

Que tenhamos acesso ou não acesso a estes tempos, por meio da reconstrução analítica, já é outra questão.

Não sejamos mais ingênuos: o problema não mais se coloca na recuperação de um passado tal qual fora vivido. O que está em jogo é a validade de um modelo histórico interpretativo para a psicanálise, em oposição a um modelo que posiciona o indivíduo num eterno presente no qual está confinado numa relação transferencial a-histórica, ou sujeito a uma cronologia desenvolvimentista que desconsidera a singularidade da temporalidade inconsciente.

A questão não é nada simples. As posições dos psicanalistas diferem radicalmente desde um extremo ao outro, passando por posições intermediárias e por aqueles que consideram a questão pouco relevante nos dias de hoje. Retomar a problemática na sua articulação com a questão do infantil significa se interrogar sobre os fundamentos da nossa prática e sobre os paradigmas que a sustentam. Está em jogo qual a relação que interessa ao analista entre o infantil e a clínica. Dirigir nossa atenção para a problemática das construções significa uma dupla investida: em primeiro lugar em relação à dimensão histórica na psicanálise e suas implicações no método e na metapsicologia, e em segundo lugar uma investida na própria história da psicanálise, em que essa é tomada como objeto. Num texto extremamente estimulante, Mezan[1] descreve diferentes modos de conceber e escrever a história da Psicanálise. Fala em modelos redutores, em modelos lineares que implicam ora uma noção de continuidade, ora uma noção de superação. Há também modelos interpretativos e, finalmente, modelos sobre determinados. O interessante da abordagem, entre outros aspectos, é que o modo de fazer a história da Psicanálise é semelhante aos diferentes

---

1 Mezan (1988).

modos de fazer história pelos historiadores,[2] e até aqui a história da Psicanálise não fugiria à de outros saberes, mas há também uma coincidência entre o modo de fazer história e o lugar concedido à história na estruturação do psiquismo e no processo analítico. Procurarei explicitar essa ideia.

Posso considerar que em psicanálise uma teoria supera a teoria anterior, embora continue seus alinhamentos básicos. Isso pressupõe uma noção de desenvolvimento científico, que pode existir em correspondência a uma noção de desenvolvimento psíquico, na qual uma fase do desenvolvimento é vista como superação da anterior. O exemplo é bastante grosseiro, no entanto, ilustra a noção à qual estou me referindo. Disso se depreende que toda relação com a história não é casual e obedece a múltiplas determinações. O que toma necessário que o analista possa estar ciente delas.

Freud, em *Construções em análise* (1937b), retoma a antiga questão da verdade histórica. Num primeiro momento, compara o analista ao arqueólogo por seu interesse pelo passado. Embora ambos tentem e tenham o direito de reconstruir o passado, o analista, dirá Freud, situa-se numa posição mais privilegiada que a do seu colega. Isso porque, por meio da repetição transferencial, tem acesso ao material do passado. No entanto, pergunta-se sobre que garantias o analista tem de que uma construção não passe de uma fabulação da sua parte. Assim sustenta que as diferentes reações do paciente a ela podem servir de indício, mas as considera, acima de tudo, conjeturas que aguardam um futuro exame. O terceiro e mais interessante dos três capítulos que compõem o texto inaugura a discussão de dois temas que dizem respeito ao nosso estudo. O primeiro é de como e por que uma conjetura se transforma em convicção; o segundo diz respeito à evocação de certas memórias

---

2 Neste sentido, o livro de Paul Veyne *Como se escreve a história*, citado anteriormente em relação à noção de trama da história, nos foi especialmente útil.

depois de comunicada uma construção. Essas recordações são assimiladas por Freud às alucinações, nas quais "algo que foi experimentado na infância e depois de esquecido retorna". A ideia que o anima é que, talvez, segundo esse raciocínio: ". . . há não apenas método na loucura, como o poeta já o percebera; mas também um fragmento de verdade histórica, sendo plausível que a crença compulsiva que se liga aos delírios derive sua força exatamente das fontes infantis deste tipo". Freud (1937b/1986, p. 269).

Mais uma vez Freud volta às fontes infantis, na expectativa de recuperar fragmentos de experiências efetivamente vividas. Isso justificaria a insistência de muitos analistas no aspecto obcecado e positivista de Freud de encontrar no fundo um acontecimento material. Ou desconsiderar a construção, pois, dada a comparação com o delírio, não passaria de uma formação delirante do analista. Mas, se tivermos um certo cuidado, veremos que Freud se preocupa muito menos com a convicção do que com a possibilidade de que ambos, delírio e construção, consigam recuperar um "fragmento de realidade rejeitada". Usando uma terminologia atual, estaríamos falando que as construções não estão a serviço de imprimir uma verdade ao paciente, mas de permitir que a sua história ganhe condições da simbolização. Já tivemos condições de reparar, conforme as diferentes qualidades dos objetos mnêmicos, que existem aqueles que são muito pouco estruturados, reminiscências de cheiros, sons, imagens apagadas de situações de intensa valência afetiva, que por meio do caminho da construção podem ganhar um espaço.

Nos anos 1970 e 1980, uma série de analistas se dedicaram a abordar a questão das construções em análise. Vejamos algumas desta posições.

Francis Pasche (1988) situa-se numa fidelidade literal ao modelo freudiano, quando cita Freud: "o que procuramos ao longo do tratamento é uma imagem dos anos esquecidos que seja fiel e completa em todos os aspectos essenciais" Freud (1937b/1986, p. 260). O autor apoia sua hipótese no modelo da compulsão à repetição como representante mnêmico de impressões deixadas pelo passado. Essa impressão funcionaria como uma espécie de tela, que perturbaria o encontro entre o interior e o exterior do psiquismo, evitando a entrada em contato com o novo. Acrescenta o autor que não se trata apenas de reviver transferencialmente e a partir daí poder operar a construção, é preciso referir-se ao material do passado. Vale dizer que a imagem isolada se transforma em um "átomo de lembrança". Sua posição parece menos matizada que a do próprio Freud.

Essa visão difere da formulada por Joseph Sandler.[3] O autor, no seu trabalho *O inconsciente passado, o inconsciente presente*, em busca de uma teoria da técnica psicanalítica, parte de uma perspectiva que relativiza os conceitos da teoria psicanalítica a partir de um ponto de vista histórico-desenvolvimentista. Segundo sua perspectiva, muitos dos conceitos psicanalíticos são mantidos pela necessidade dos psicanalistas de unificação conceitual do seu campo, mas careceriam de uma operacionalidade clínica. Nesse sentido, propõe distinguir entre o "inconsciente presente" e "inconsciente passado", uma distinção que, para ele, é mais operatória que conceitual. É que se dirige a uma análise centrada nos aspectos presentes da situação analítica. É extremamente cético quanto às reconstruções do inconsciente passado, por considerá-las produto das teorias do analista sobre o funcionamento mental. Seus argumentos merecem ser estudados com certo rigor, pois trata-se de um pensamento crítico em relação à coexistência de modelos metapsicológicos não consistentes com a prática. Notamos a

---

3 Texto mimeografado apresentado, em São Paulo, por ocasião do cinquentenário da morte de Freud.

proximidade de sua posição teórica com a de Viderman e a oposição à postura de Pasche.

Outros autores, como Harold Blum (1980) e Erik Brenman (1980), embora privilegiando o trabalho no "aqui e agora" da transferência, veem nas construções a possibilidade de estabelecer um elo de continuidade na experiência do sujeito consigo mesmo, embora alertem contra o efeito intrusivo que possa ter se essa provier exclusivamente do analista.

Malcolm e Segal, partindo do enfoque kleiniano, também se interessam pelo papel das construções. Enfatizam o aspecto de continuidade histórica que a construção parece garantir. Esses autores não privilegiam a construção no processo de análise, sendo o aspecto emocional imediato o eixo de sua clínica.

Poderíamos citar muitos outros textos, mas não temos nenhuma pretensão de exaurir o assunto. Trata-se de elucidar se a noção de infantil pode nos auxiliar na compreensão da importância clínica das construções. Para isso, devemo-nos perguntar de quem é a necessidade das construções: do analista e seu modelo teórico? Ou do paciente sequioso de estabelecer continuidade com o seu passado? Antes de tentarmos algumas considerações sobre essas questões, vejamos um pouco como os historiadores se defrontam com questões semelhantes.

A historiadora Nicole Loraux (1992) expõe de um modo muito interessante e com a humildade de quem sabe tratar-se de um problema extremamente delicado as inquietações de quem lida com o tempo presente e com o passado. As dificuldades metodológicas do historiador se relacionam, entre outras, com um aparente paradoxo: como não saturar o passado de concepções presentes, quando é do presente que partem os impulsos do investigador? Como não moldar o passado em função das ideologias, modelos ou interesses do presente? Como não tornar o passado a imagem projetada do investigador?[4]

No seu livro *A construção do espaço analítico*, Viderman (1990) trabalha de modo extremamente interessante e não menos polêmico o lugar da história e da reconstrução na análise. Citaremos brevemente duas de suas hipóteses básicas:

> *a) ... será legítimo falar de uma história do sujeito, uma vez que ela se revela dentro de uma situação e um enfoque tão específicos (situação analítica e campo transferencial), que é possível, com muita justeza, colocar em dúvida a objetividade das construções ... na realidade psíquica a qual o espaço analítico nos faz ter acesso, a história dá lugar ao mito e a realidade dos acontecimentos históricos à projeção pulsional;*
>
> *b) ... teremos que admitir que o campo da análise é expresso por um conjunto de coordenadas que o organiza especificamente e que a realidade que aí surge participa necessariamente de sua estrutura. Viderman (1990, p. 23).*

As observações de Viderman são muito agudas e seu livro é dedicado a fundamentá-las.[5] No entanto, quando publicado suscitou uma aquecida polêmica no meio psicanalítico francês. Se seguirmos com atenção suas afirmativas, veremos que não diferem daquelas colocadas por Loraux a respeito dos problemas do

---

4 Sabemos como isso foi usado para justificar as teorias mais aberrantes, desde religiosas até racistas. Não só a história, mas a antropologia e a etnologia se defrontam com essas questões.
5 Principalmente nas análises críticas que faz ao estudo de Freud sobre o *Homem dos lobos* e ao seu trabalho sobre *A lembrança infantil de Leonardo*.

historiador. A primeira se refere a um tempo passado que, ao ser reconstruído, obviamente não conta com garantias de fidedignidade, dado também que o próprio objeto já sofreu transformações. Se o alerta nos parece sensato diante da onipotência de alguns analistas ou historiadores, não nos parecem tão óbvias as conclusões de Viderman quando afirma que a história dá lugar ao mito e a realidade do acontecimento à projeção pulsional. Parece que aqui o autor joga fora o bebê junto com a água do banho. Explicitando: entre a dificuldade de escrever a história e a construção de um mito há um espaço que não se reduz a zero, assim como também entre o acontecimento e a pura fantasia projetiva. Foi isso que tentei ilustrar nos capítulos dedicados à fantasia e à transferência. O mesmo acontece com sua segunda hipótese: é bastante provável que o que acontece no campo analítico depende da própria estruturação do campo e que a possibilidade de nomear certos fenômenos depende da metapsicologia empregada pelo analista, assim como também da elaboração da sua contratransferência. No entanto, não implica em concluir que os sintomas e a eficácia do inconsciente só tenham lugar nesta situação específica.

Só poderemos combater o risco da ideologia ou da tirania de nossos modelos se estivermos cientes desses riscos, levando em consideração a determinação histórico-metodológica deles. Nisso, sim, concordamos com Viderman. O historiador se aproxima da questão tentando lidar com o paradoxo:

> *Entre o atual e o antigo, quem pretende controlar o jogo do anacronismo deve ir com cautela; a maior mobilidade é requerida: é preciso saber ir e vir, e sempre se deslocar para proceder às necessárias distinções. Em outros termos, nenhuma identificação com um sentido único é duradouramente possível . . .".* (Loraux, 1992, p. 64).

O que chama atenção na citação é a referência da autora ao movimento de deslocamento,[6] movimento que permite fazer as distinções necessárias. O ir e vir do sujeito do objeto presente ao passado, do antigo ao novo, do inconsciente ao consciente, do primário ao secundário encerra a possibilidade de que em algum momento se instaure uma distinção, enquanto apropriação de um sentido sobre si mesmo, sentido que permite situar o sujeito numa sequência temporal até então marcada pela repetição.

Concedo-me o direito de continuar a analogia metodológica, para depois examinar se seus resultados possuem alguma validade. A autora se apoia na célebre frase do historiador Marc Bloch: "é preciso compreender o presente pelo passado e o passado pelo presente". Mas inverte a ordem do seu método:

> ... *refletirei sobre o método que consiste em ir para o passado com questões do presente para voltar ao presente, com o lastro do que se compreendeu do passado". Existe, diz a autora, um momento do qual a pesquisa histórica não pode prescindir: 'falo do momento em que se tenta prescindir das suas próprias categorias, para cingir as destes "outros", que por hipótese foram os antigos gregos. Momento certamente insubstituível, e que contribui para desfazer a ilusão puramente cultural de uma familiaridade; mas embora necessária, a condição não é suficiente, e o trabalho não termina com o distanciamento.*

---

6 Garcia (1988, p. 56) diz: "O historiador Freud toma como material acontecimentos que não são de atualidade, nem tampouco está interessado na confirmação pela maioria das pessoas. Pelo contrário. Freud historiador está sempre um pouco deslocado com relação ao presente; só assim ele consegue a história deste presente sem privilegiá-lo".

Ora, não é suficiente constatar a presença da subjetividade do analista e seu referencial teórico para com isso justificar que toda construção e obra do analista é ou corre o risco de ser intrusiva no universo psíquico do paciente. É preciso, enquanto exigência do método analítico, ir além desse alerta. Desde a descoberta dos efeitos da sugestão e da transferência, não há neutralidade possível na recepção da fala ou do silêncio do analista pelo paciente. Há, no entanto, no processo analítico uma não familiaridade radical com a história do paciente. É a partir do lugar de "estrangeiro", como nos diz Fédida, que uma escuta pode advir, é a partir do reconhecimento do seu próprio envolvimento que o analista se distancia, assim como o historiador, e pode vislumbrar no presente transferencial as linhas de força do infantil. É claro que as questões que o sujeito se vê obrigado a responder para si não estão exclusivamente no infantil, mas na sua vivência no presente e com o anacronismo que ele se defronta e é justamente desse anacronismo que uma metapsicologia da clínica deveria dar conta. Há um tempo histórico, cronológico, das inscrições, dos acontecimentos, e há o tempo do inconsciente, da repetição, do *après-coup*, da ressignificação. A experiência analítica, ao ter lugar no entrecruzamento desses dois tempos, supera qualquer dualismo entre diacronia e sincronia, entre estrutura e história.

O conceito de infantil, como tentamos trabalhá-lo, coloca-se como campo de ligação. Nele confluem a estrutura como campo de possibilidades definido a partir de uma história inscrita e o tempo da história, recuperado a partir do não tempo do inconsciente. Esse é, como propusemos na Introdução, um dos principais eixos do modelo freudiano, que, na tentativa de não ser redutor, utiliza dualismos como recurso metodológico.

Consideremos duas breves observações de Rosolato (1969): a primeira diz respeito ao fato de que o interesse da reconstrução não se deve a qualquer elemento da história, mas "ao suposto interesse destas recordações, ou seja, sua relação com o fantasma." Vale dizer, é em relação à fantasia inconsciente que a reconstrução ganha sentido. E mais ainda:

> Uma construção não tem valor, a não ser na medida em que se reconhecem umas leis, descobertas pela psicanálise, com as quais se confrontam as características individuais ministradas pela rememoração e a associação livre, como a universalidade do complexo de Édipo e a proibição do incesto. Rosolato (1969, p. 358).

Rosolato não descarta a presença da teoria na construção do analista, mas também não a subordina totalmente a ela. Vemos uma posição que leva em consideração os fatos apontados por Viderman, mas não exclusivamente com uma dimensão crítica face ao papel da teoria. Resgata seu papel no processo construtivo e interpretativo.

Nesse sentido, aproxima-se da metáfora construída por Aulagnier (1983) sobre a situação analítica como encontro entre dois historiadores.[7] "O analisando visto como o único que possui uma versão construída por seu Eu da sua história, o papel que ele atribui às experiências que o marcaram e às quais ele responsabiliza por suas vivências presentes e por seu destino futuro", e o analista, que "possui uma versão universal da história infantil". Universal no sentido de que trata das consequências para todas as crianças do conjunto de experiências inevitáveis, como o encontro com o objeto primordial que é o seio, sua perda, a existência de uma situação edípica, as exigências culturais às quais todos estamos sujeitos,

---

7 Modelo que Piera Aulagnier (1983) apresenta em *Temps vecu, histoire parlée*, mas que é fruto de uma riquíssima trajetória clínica e de indagação teórica presente desde a obra *Violência da interpretação*.

a diferença dos sexos, a finitude da vida. Do encontro entre o sofrimento do analisando com seu reconhecimento pelo analista, da linguagem singular do analisando com a linguagem do especialista, que deve tornar-se singular a cada momento de sua escuta, pode-se escrever uma nova história. Uma terceira história, dirá Aulagnier, não resultante da vitória de uma versão sobre a outra, mas uma história assinada por ambos os autores. Não será dessa convicção que Freud nos fala?

Retornemos às construções, pois nos perguntávamos sobre seu valor e sua importância clínica. No nosso primeiro caso exposto, procurei apontar um momento estanque na análise de Carlos, momento em que, segundo minha hipótese, repetia-se na situação analítica um interdito que, operando a partir do desejo materno, dificultava o acesso de Carlos a uma identificação masculina. Como não compreender o momento em termos reconstrutivos? Oferecendo ao paciente a possibilidade de reescrever sua própria história, deixando de lado uma árvore sem vida para se constituir em semente de cujos frutos nada sabemos. Remeto também o leitor a nossas conclusões sobre Rodrigo, no Capítulo 4, e sobre Sílvia, no Capítulo 5. Aqui também a análise conduz a um movimento reconstrutivo. O analista, assim como o historiador, preocupa-se menos com a historiografia. O movimento construtivo é dinâmico, está voltado para as tramas[8] mais do que para os fatos. A construção no contexto da transferência analítica não visa impor uma versão, mas permitir que ele se constitua em linguagem. Trabalho conjunto entre analisando e analista, a construção tem sua

---

8 "Os fatos não existem isoladamente, neste sentido de que o tecido da história é o que chamamos de trama, de uma mistura muito humana e muito pouco científica de causas materiais, de fins e de acasos... Essa trama não se organiza, necessariamente, numa sequência cronológica... A trama pode se apresentar como corte transversal dos diferentes ritmos temporais...". Paul Veyne 1982[1971].

dimensão teórica, sim, mas numa perspectiva muito particular, como diz Fédida (1992, p. 179):

> ... a construção é teoria do analista em sua metáfora singular (e singularizante), formada da escuta de seu paciente no tratamento. É com a construção que o sonho – memória do infantil – recebe o poder de ser o paradigma do teórico (entendido psicanaliticamente). Portanto, para o analista, a construção é por excelência a teoria e a memória do infantil em estado de linguagem, ou seja, em sua condição de constituição metafórica à escuta do paciente.....

Fédida aponta com a maestria de um poeta aquele ponto nodal no qual o infantil se torna linguagem, se configura como memória teorizante do analista e do analisando. Mas trata-se de uma teoria muito singular, um movimento teorizante forjado no cenário transferencial, animado pelas forças inconscientes em jogo. Não será por esse caminho, que passa pelo infantil e sua constituição como memória por meio da linguagem, que devemos compreender o papel dos modelos teóricos para a psicanálise? Com isso nos aproximamos de nosso próximo item: a relação do infantil com os modelos em psicanálise.

6.2. O infantil: modelo ou realidade

Quando comecei elaborar este texto, a temática do infantil se impôs por todas as razões já levantadas desde a Introdução, além de outra razão não menos importante. Trata de "fazer trabalhar" (na feliz expressão de Laplanche) uma noção que está vinculada aos aspectos metapsicológicos da teoria psicanalítica, cujo nível de abstração não impedisse uma aproximação clínica do tema. Isso porque percebo hoje, em diferentes círculos psicanalíticos, que há uma dissociação além do necessário entre clínica e teoria. Em alguns grupos, a clínica é mistificada de tal modo que qualquer referência à teoria é concebida como racionalização e afastamento defensivo da experiência. Noutros, o nível de sofisticação dos modelos teóricos é tal que correm o risco de engolfar o objeto. Não se trata, a meu ver, de uma limitação dos analistas, e sim de uma certa especificidade do objeto analítico que, se não tomarmos cuidado, permite tais desvios. Por isso, embora considerando a tarefa bastante complexa, decidi me aventurar no campo clínico-teórico.

Para melhor precisar a especificidade da experiência analítica, vou me referir a uma categorização hierárquica dos conceitos psicanalíticos formulada por Waelde[9] que, mesmo sujeita à revisão, pode ser muito útil para nosso propósito imediato.[10] O autor classifica o que considera os elementos essenciais da psicanálise em seis grupos:

a) Nível de observação: aqui o autor inclui todos os observáveis, desde relatos, sonhos, afetos transferenciais etc. Trata-se de uma categoria muito ampla.

b) Nível das interpretações: momento em que o material se organiza em novas significações, tanto pelo analista como pelo analisando.

c) Nível das generalizações clínicas: a partir do nível anterior, generalizações são possíveis, por exemplo, "caráter anal", "especificidades do Édipo feminino ou masculino" etc.

---

9 Modelo citado por Bergmann (1990).
10 Não é nosso propósito já no final da nossa pesquisa desenvolver um estudo epistemológico sobre os modelos de conhecimento em Psicanálise. Queremos apenas apontar algumas questões que se depreendem da sequência de nosso trabalho.

d) Nível da teoria clínica: formação de conceitos como repressão, transferência, compulsão à repetição etc.

e) Nível da metapsicologia: tentativa, segundo o autor, de construir um sistema mais abstrato, um modelo do funcionamento mental.

f) Nível filosófico: aqui entra em jogo a concepção filosófica do homem para Freud.

Do ponto de vista da filosofia da ciência, poderiam ser feitas objeções à ordenação desse modelo, como também à ausência de outros modos de acesso ao conhecimento além do raciocínio hipotético-dedutivo, ou abstração, de observações. Também sabemos a partir de Popper que toda observação pressupõe um mínimo de organização teórica. Mas não nos estendamos num campo que, embora apaixonante, extrapola os limites do presente trabalho. O que nos interessa apontar é que o analista lida com todos os níveis citados. A partir de Freud e já na sua própria obra multiplicaram-se os modelos.

Tamanha foi a expansão que se criaram as diferentes escolas psicanalíticas com ênfase em diferentes aspectos da obra de Freud e diferentes estruturas clínicas, como campo privilegiado de investigação. Ante essa Babel psicanalítica, torna-se extremamente complexo o diálogo entre analistas de diferentes escolas, pois operam com teorias clínicas em parte diferentes, em que os observáveis são privilegiados de modo particular. Situação que pela agudeza da escrita de Viderman (1990) fica assim colocada:

> *Ninguém vira, antes de Melanie Klein, o que Melanie Klein viu após ter imaginado seu modelo teórico. Ninguém vê tão claramente (e com mais paixão) o que ela viu primeiro, a não ser aqueles que partilham do*

mesmo modelo – ninguém menos que aqueles que o rejeitam. É que tanto uns como outros não veem os fatos, mas constituem-nos reunindo-os com redes de significações que dependem da grade de inteligibilidade que eles lançam sobre a realidade.

Ora, ou nós, os psicanalistas, constituímos um bando de alienados em pequenas seitas seguidoras do guru da moda, ou alguma coisa não é absolutamente certa na colocação de Viderman. Laplanche (1990) proporá retomar a discussão com as ideias de Viderman a partir da seguinte posição: "Na minha opinião, a situação pode ser criada, construída, sem que aquilo que nela se manifeste seja ficção . . ." Se relativizarmos a colocação de Viderman, acho que temos muito para pensar. Não é possível fazer psicanálise hoje sem algum modelo teórico *a priori*. Cada um se inicia, pelo menos na sua própria análise, dentro de determinada abordagem. O que não quer dizer que isso o torne cego para outras experiências, nem o impeça de ter uma leitura crítica das obras dos psicanalistas mais destacados. Também o trabalho com conceitos-limite entre a clínica e a metapsicologia nos força a pelo menos fundamentar algo que se dá num espaço intersticial. Pois, se o modelo tem a capacidade de moldar o objeto, não é menos verdadeiro que o objeto resiste a modelizações totalmente arbitrárias.

Vamos aprofundar a noção de modelo, pois acredito que a ideia não seja evidente. A existência de modelos não é exclusiva da psicanálise. As diferentes ciências lançam mão desse recurso. Acompanhemos Le Guen (1984, p. 255) em sua tentativa de definir os modelos:

Trata-se de representações simplificadas e simbólicas de uma realidade qualquer. Possuem uma dupla finalidade: descritiva, estrutural e estática; prospectiva, funcional e dinâmica (ficando claro que embora um dos componentes possa predominar não pode prescindir do outro); possuem a especificidade da ciência que os produz.

Em primeiro lugar, o autor aponta que se trata de uma representação da realidade. Aqui opera-se a primeira transformação do que seria um material quase bruto do registro sensível para um nível de abstração. Como dissemos anteriormente, a própria percepção já é condicionada. Mas não se trata de compreender o modelo sem qualquer *background*. Interessa o tipo de relação que ele guarda com a experiência. Seria então utópico exigir de um modelo que se equiparasse à experiência: isso seria destituí-lo da sua própria condição de modelo. Deixando de lado esse aspecto, a característica representacional implica num distanciamento do objeto, mas ao mesmo tempo numa conservação. Conservação que será dependente das operações da função representacional.

Há ainda outras duas características. A primeira é mais descritiva do fenômeno, que pode ir sendo ampliada de aspectos elementares a outros mais complexos e suas relações estruturais. A segunda diz respeito aos aspectos mais dinâmicos do fenômeno, à possibilidade de antecipação, ou previsibilidade. Nossa intenção é compreender a especificidade de um modelo psicanalítico.

Constatamos a partir dessa definição que o modelo guarda uma relação com os aspectos estruturais e funcionais do objeto e que ele introduz um maior ou menor distanciamento do objeto, dependendo das operações ligadas à construção da representação.

Retornaremos à forma como Freud operava sua teorização, para a partir daí ter alguns elementos a mais. Freud lançara mão da noção de metapsicologia, a feiticeira, como a chamara, como modelo de construção teórico para dar conta dos processos psíquicos. Dessa perspectiva, ela seria como um terceiro na relação analítica. Lugar particular denunciado por aqueles que não queriam que nada se interpusesse na experiência emocional entre paciente e analista e por outros que a consideram um modelo insuficiente para satisfazer as exigências de um método dedutivo.

Ora, devemos queimar[11] a feiticeira, como proposto por Schafer (1975) e Peterfreund (1978), ou sofisticá-la ao máximo para equipará-la ao nível dos modelos matemáticos? Mezan (1989) analisa as relações entre metapsicologia e fantasia, apontando quanto a primeira mantém de relação com a segunda a partir do potencial imaginativo inerente à sua constituição. No entanto, justamente para não cair numa "sacralização da fantasia", o autor aponta, citando Freud, a "crítica impiedosa" à qual ela deve ser submetida.

Há no ser humano, e Freud já apontara isto, um movimento espontâneo em direção à criação de teorias: as teorias sexuais infantis montadas como fantasias teorizantes sobre os mistérios da vida. Talvez possamos compreender quais são os componentes necessários para a composição dessas teorias. Em primeiro lugar, temos o objeto em torno do qual elas se constituem: origem dos bebês, diferença entre os sexos, morte etc. Em segundo lugar, o impulso necessário para sua formulação, uma tendência ora epistemofílica, ora defensiva, mas que procura formular os porquês. Em terceiro lugar, a função psíquica das teorias: elas servem, têm alguma finalidade na vida psíquica da criança. Talvez comparar as teorias do analista com as das crianças não seja tão descabido assim. Tanto um como outro se defrontam com fatos desconcertantes. Ambos são tomados pelo impulso ora de compreender, ora de defender-se do que uma experiência nova suscita. Tanto um como outro têm

---

11 Estes dois autores criticam principalmente os modelos auxiliares que Freud utilizara. Modelos provenientes da fisiologia e da física.

uma certa necessidade de domínio sobre a intensidade (angústia) que a experiência provoca, para que ela possa ser intrapsiquicamente processada e intersubjetivamente comunicada e vivenciada. Esse caminho nos conduz à proximidade de Pontalis (1978), quando diz:

> *O trabalho teórico não deveria ser mais que a continuação pelo pensamento das forças operantes no psiquismo, onde já se "trabalha" e se "teoriza" o que as excita. E, como todo aparelho, o aparelho teórico ganha ao não funcionar demasiadamente bem.*

Nossa hipótese tem o mesmo foco que a de Pontalis. Há no psiquismo um movimento de teorização ligado ao processo secundário, assim como também de estruturação de fantasia inconsciente, que visa dar conta da demanda pulsional e das exigências da realidade externa. Ora, não seria viável pensarmos que entre modelo teórico em psicanálise e realidade há uma espécie de isomorfismo? Vale dizer que o modelo psicanalítico constrói aspectos estruturais e dinâmicos do funcionamento psíquico cuja organização é homóloga à do próprio objeto. Talvez porque a instância que pensa a psique é a própria psique (fato que deveria ser estudado com certa atenção). Diferente de modelos cujo objeto é mais distante da vivência, como nas ciências exatas, o que permitiria um grau de abstração maior. Se essa hipótese for razoável, poderíamos pensar que as tendências a aplicar diretamente o modelo na clínica obedecem à proximidade e a uma distinção pouco clara entre ambos. Ora, as críticas que tantas vezes foram feitas a Klein a respeito do realismo de seus modelos não estariam ligadas a esse traço particular dos modelos analíticos? E quando alguém como Lacan propõe modelos mais abstratos para dar conta do psiquismo, isso não choca, ao mesmo tempo que fascina?

Se Freud, Klein, Winnicott, Lacan ou outros construíram determinados modelos é porque certas experiências clínicas, em determinado momento histórico-cultural, lhes permitiram formular determinadas hipóteses. Se os seguidores não inventam novos modelos, devem se apropriar dos existentes. O risco para o analista não reside na utilização do modelo, mas na sua ignorância do fato que o utiliza. Assim como a criança deve reconhecer-se numa filiação para poder aceder à sua autonomia, também os analistas deveriam conhecer seus modelos de origem, sem temer o questionamento e a ousadia.

A Psicanálise, desde suas origens, teve que se haver com dois modelos básicos de conhecimento, um ligado à ciência positivista, baseado num ideal de objetividade, outro ligado ao campo das ciências interpretativas. A sua formação de origem conduziu Freud, em muitos momentos, à tentativa de construir um saber objetivo sobre a alma humana. No entanto, sua própria descoberta transcendeu os limites desse pensamento, tendo que aceitar não sem certa relutância o fato. Como sustenta Mezan (1988), as diferentes escolas psicanalíticas tiveram seu desenvolvimento a partir de três parâmetros: uma determinada matriz clínica, um determinado contexto sociocultural e uma determinada leitura da obra freudiana. Segundo essa linha de raciocínio, vemos esquematicamente que a Psicanálise americana, numa de suas vertentes, voltou-se na direção de uma concepção desenvolvimentista do sujeito, assim como também teve uma grande preocupação com os aspectos adaptativos. No contexto cultural francês, as marcas da dialética e do estruturalismo são constitutivas do pensamento de Lacan. A clínica com crianças gravemente perturbadas conduzirá a Psicanálise inglesa, a partir de Klein, ao aprofundamento dos momentos mais primitivos da estruturação do sujeito. Constatamos que cada uma dessas correntes concebe de modo particular a relação com o infantil. Nosso trabalho não teve a intenção de abordar a concepção do infantil para cada uma dessas escolas, tarefa sem dúvida necessária, mas pudemos observar que reina uma diversidade face ao infantil. Existem modelos que privilegiam o aspecto desenvolvimentista da criança, outros, o conjunto de fantasias primitivas, e há aqueles que enfatizam a sincronia, para citar os mais significativos que tivemos oportunidade de discutir no capítulo sobre o imaginário.

No entanto, percebe-se a necessidade de instaurar um diálogo fecundo e menos polêmico entre as diferentes vertentes do pensamento psicanalítico.

Poder-se-ia constituir a noção de infantil em algum tipo de ordenador conceitual para o psicanalista que permitisse a abertura de um diálogo entre os diferentes modelos? Talvez sim. A noção de infantil conserva a vigência da realidade psíquica na clínica, assim como também os traços fundamentais do modelo freudiano, como tentamos mostrar ao longo deste percurso. Tenho a impressão de que, se não pretendermos fazer desta noção a panaceia universal, nem criar a partir dela uma ilusão que vise negar as diferenças entre os diferentes modelos, ela pode ser de utilidade para o analista e para o pesquisador.

Podemos justificar isso por todas as temáticas que circunscrevemos em torno dela. Em primeiro lugar, a distinção do infantil da criança e da infantilização do adulto, o que nos levou a compreendê-la na sua imbricação com a realidade psíquica e como modo de funcionamento da temporalidade inconsciente. Sua vinculação com a repetição e com a transferência põe em evidência o próprio modo de constituição do sujeito e o campo de possíveis que a constituição determina. Sua relação com as construções evidencia dentro de cada modelo psicanalítico a importância atribuída à história, tanto na constituição do sujeito como na versão necessária de uma continuidade espaço temporal. Haveria muito para se trabalhar a partir dessas colocações, que não pretendem ser mais do que indicadores e referências para futuros aprofundamentos.

A noção de infantil, com as características que dela se depreendem, como apontamos neste estudo, pode ser um foco de atração para discussão sobre a clínica e a teoria psicanalítica.

Conclusão

Minha proposta foi investigar a posição do infantil na Psicanálise a partir da sua articulação com a memória e a temporalidade. Visava também pesquisar por que a noção de infantil ocupa um lugar privilegiado na clínica psicanalítica. Para tal finalidade, aventurei-me em uma interlocução com determinados textos da obra freudiana, seguindo uma cronologia que a todo momento via-se ressignificada por autores contemporâneos e pela nossa própria experiência clínica. Percorremos um caminho que passou por momentos mais voltados para a metapsicologia, em que tentei compreender as noções de tempo e memória em diferentes momentos da teorização freudiana, e, noutros momentos, investigamos essas noções numa perspectiva mais clínica. E tivemos sempre a impressão da proximidade entre ambos os momentos. Finalmente, tentamos compreender a implicação da noção de infantil para a retomada de uma perspectiva histórica em Psicanálise.

Os capítulos desenvolvidos ilustram até que ponto memória e temporalidade são solidários na perspectiva psicanalítica freudiana. No início de sua obra, a memória obedecia a um modelo anamnésico, havia a perspectiva de recuperação das lembranças traumáticas tal como tinham acontecido. Essa perspectiva era solidária de uma concepção reversível do tempo, no sentido de uma evocação do passado. Percebemos então que, à medida que Freud reorganiza sua concepção tópico-pulsional, há um concomitante rearranjo da dimensão mnêmico-temporal. O contexto da primeira tópica admite uma diversidade de inscrições psíquicas, na qual o sonho é colocado como paradigma evocativo do desejo infantil a ser decifrado. Esse modelo, embora já contemple o caráter restituído da pulsão a partir da noção de desejo, admite ainda uma noção de tempo reversível, apesar do paradigma memória/registro/evocação já estar profundamente abalado. Não mais ingenuamente, ainda era admitido que o passado se conservava intacto.

No contexto da segunda teoria pulsional, assim como de sua formulação do complexo de Édipo e as consequentes instâncias ideais, o quadro muda de figura. O caráter repetitivo e demoníaco da pulsão e a transformação de experiências em instâncias deixam poucas brechas para uma visão reversível do tempo e de recuperação de lembranças. O tempo passa a ser concebido como irreversível, e isso, ao contrário do que poderia parecer à primeira vista, torna mais intensa a necessidade de reelaboração. Ora, na medida em que não há chance de recuperar o que foi, torna-se necessária uma metabolização, caso contrário, o sujeito sucumbiria ao que Monique Schneider chamou de "vampirismo das existências passadas". Desse modo, vimos como o modelo formulado em *Luto e melancolia* adquire fundamental importância para a clínica. De modo que só é possível compreender a transformação do paradigma anamnésico em Freud se o situarmos em relação à articulação tempo-memória na singularidade da repetição transferencial.

Acima de qualquer crítica que possa ser feita às tentativas de reconstrução e ao paradigma anamnésico freudiano, é inegável que o percurso desenvolvido nos colocou diante do fato de que o sujeito tem que se haver com o passado, com o não-presente, com aquilo que tópica e temporalmente escapa à sua consciência. O modelo linear da memória cedeu lugar a um modelo muito mais complexo, em que a possibilidade de simbolização ganha muito mais espaço e importância que a de evocação. No entanto, isso não significa, a meu ver, destronar a memória, mas compreendê-la a partir das novas modalidades de existência descobertas pela Psicanálise.

Fédida (1992) retoma de um modo particularmente poético algumas das ideias que esboçamos sobre a relação entre tempo e luto. Segundo o autor, a Psicanálise se engaja no pressentimento de que é a partir de uma certa "negligência da memória" que o sofrimento se instala.

> *Esta negligência da memória é tanto aquela de haver perdoado cedo demais para poder esquecer, quanto a de ter confundido aquilo que nós próprios deveríamos lembrar para não esquecer com aquilo que deveríamos ter reconhecido como sendo de outra memória – da memória de um outro – para não perder seu amor, quanto, finalmente, a do engano da idade daquele ao qual a memória confiou-se. Fédida (1992, p. 178).*

Todo nosso percurso abordou alguns dos entraves que Freud encontrou, com o seu modelo de rememoração para se aproximar cada vez mais daquilo que é posto em ato e que desafia as possibilidades de evocação. A "negligência da memória" que Fédida nos fala nos remete à realidade das experiências infantis. Para além da capacidade inventiva do imaginário consciente e inconsciente, constatamos que fantasia e evento não são instâncias independentes, mas se configuram numa trama constitutiva da realidade psíquica. Realidade psíquica que não é dada desde as origens, mas que é construída pela inscrição das vivências infantis nas quais o outro, como tentamos ilustrar, desempenha função primordial. Assim, não falamos em tempos míticos, somos orientados pela contribuição de Bleichmar (1984, p. 36):

> Os tempos míticos não são construções, são movimentos reais de estruturação do sujeito psíquico que, ainda que não possamos capturá-los na sua subjetividade, podem ser cercados como se cerca um elemento na tabela periódica de Mendeleiev, antes de que o elemento mesmo seja descoberto.

O confronto da demanda pulsional, cuja origem está distante de ser puramente biológica,[1] nas experiências de prazer e desprazer, determina a sedimentação de diferentes modalidades mnêmicas, das mais organizadas até aquelas bizarras, cujo grau de simbolização é mínimo. Assim ocorre no modelo proposto por Green. Nesse sentido, ganha um espaço maior a amnésia infantil, ressignificada pelo movimento com todo o poder traumático que carrega. Freud já fazia referência aos fragmentos de verdade histórica contidos nos delírios.

A compreensão do processo analítico a partir da transferência coloca a repetição como um dos eixos fundamentais inerentes à constituição do sujeito. Nessa perspectiva, trata-se de recuperar a dimensão do passado vivo no presente. Um passado não fotograficamente guardado, mas constituído como resultante dos

---

1 Desde a noção de apoio nas funções de autoconservação, passando pelo modelo que o próprio Freud aponta nos *Três ensaios sobre a sexualidade*, em que é a figura materna que introduz o registro da sexualidade para o infante. O assunto foi discutido no item 4.4 deste trabalho.

movimentos anteriores, que imprimem ao presente condições de possibilidade de repetição ou de abertura. Das experiências, destacam-se as vicissitudes edípicas singulares, que se plasmaram em determinados modelos identificatórios e em repertórios possíveis de escolhas objetais.

Os protótipos não são estanques, não operam numa linearidade causal. Embora condicionem o presente por uma antecipação perceptiva, eles estão sujeitos a uma ressignificação: esta é a brecha que se oferece para a análise. O próprio modo de funcionamento da temporalidade, o *après-coup*, permite redimensionar o passado a partir do presente. A discussão sobre a temporalidade e o luto leva-nos a constatar possibilidades que o registro do infantil oferece, aberturas para novos tempos. A noção de infantil assim compreendida introduz a perspectiva do sujeito histórico na análise, o que traz consequências para diferentes modos de intervenção, conforme o modo de estruturação do aparelho psíquico, tema a ser pesquisado clinicamente.

Isso nos levou a investigar o tema das construções em análise, tema que se via contaminado por um certo ranço do paradigma anamnésico ou condenado pela contaminação dos modelos teóricos do analista. A noção, "colocada a trabalhar" a partir de uma rediscussão das noções de tempo e memória, ganha nova força, principalmente em casos de pacientes mais comprometidos. Pois é a partir dela que o infantil na sua dimensão amnésica pode se constituir como memória. Nossa análise não menospreza a presença dos modelos, nem as críticas feitas à contaminação da escuta por eles. Levantamos a hipótese de uma pertença do modelo ao seu objeto. Consideramos que a consciência de sua utilização da metapsicologia, como terceiro na situação analítica, ocasiona menos danos que a ilusão subjetiva de um encontro sem mediação entre analisando e analista.

Nessa perspectiva, toda teoria é uma construção, mas uma construção que guarda profunda vinculação com o objeto, o que faz da metapsicologia um modelo muito singular. Sem dúvida, nossa incursão pelo tema dos modelos não passa de alguns apontamentos para um estudo mais aprofundado.

Constatamos como simplesmente falar do infantil nada acrescenta à nossa compreensão, se não o entendermos deste ângulo: como conceito psicanalítico diferente da infância concretamente vivida. Mas também concreto a partir da sua realidade psíquica, condicionador de efeitos reais no presente. Passível de aceder à consciência, num movimento interpretativo-construtivo no qual possa encontrar sua condição metafórica de expressão em determinado contexto transferencial.

Assim, transformar a relação com o infantil não significa sua eliminação (o que seria ver nele um resíduo de infantilidade comportamental no sujeito), mas permitir uma reorganização de forças, para que o novo possa advir.

O infantil é um território a explorar em cada um de nós, oferece sua face, mas nunca a revela inteiramente.

Posfácio
O infantil à flor da pele[1]

O infantil, em toda a sua riqueza e complexidade, é uma dessas coisas a que Freud deu nome. É uma das principais descobertas freudianas e, como nos diz Virginia Ungar no seu convite para o 52º Congresso da IPA "O infantil: suas múltiplas dimensões", afirmação com que concordo plenamente: "sem a noção do infantil, a psicanálise simplesmente não existiria".

O infantil é marca identificatória do humano, todos os psicanalistas nos ocupamos dessa dimensão psíquica e com ela lidamos. O infantil não compete apenas aos analistas de crianças, pois não é assimilável à infância ou às fases de desenvolvimento; diferente do infantilismo comportamental, o infantil – sempre sexual na perspectiva freudiana apresentada nos *Três ensaios sobre a teoria da sexualidade* (Freud, 1905/1992b) – pode ser apreendido na experiência psicanalítica como expressão *princeps* da realidade psíquica, da dimensão inconsciente da subjetividade humana. As importantes contribuições de gerações de analistas pós-freudianos

---

[1] Agradeço a Claudia Berliner, psicanalista e tradutora, pela leitura atenta, comentários e revisão técnica deste posfácio.

enriqueceram nossa compreensão do infantil e a complexidade de formas e conteúdos por meio dos quais se faz presente em nossa clínica o impacto do infantil do paciente na contratransferência.

O infantil obedece a uma sobredeterminação causal, não linear, de composição aberta ao acaso, ao incerto. Longe de ser uma memória fotográfica do passado ou de condutas infantis no adulto, o infantil aponta para os modos de registro e de inscrição do que Freud chamou de *Erlebnisse*, "vivências infantis".

A tese nuclear é que, para o sujeito, na clínica psicanalítica e independentemente de preferências por um ou outro modelo teórico-clínico, estará sempre em jogo a eficácia dessas inscrições, sua metabolização e simbolização possível ou não, e sua força pulsional viva no presente. Nisso reside a vigência da matriz freudiana fundadora de nosso campo.

O infantil é atual, como tão bem formulou Scarfone (2014) em seu belo relatório apresentado no Congrès des Psychanalystes de Langue Française (CPLF). O infantil se revela e se expressa como um manancial criativo ancorado na dimensão pulsional sublimatória e transicional, dando lugar à construção da experiência cultural e simbólica, assim como também é fonte de sofrimento e mal-estar vinculados às feridas que dão testemunho do encontro com o outro, ao traumático e à pressão da compulsão à repetição. Herdeiro das vicissitudes de uma trama edípica singular, expressa-se também na neurose infantil presente no campo transferencial.

Como lhes apresentar, em um breve texto, uma noção que está entranhada na clínica e teoria psicanalíticas, multifacetada, que marca a origem e o destino do sujeito? Presente desde as primeiras teorizações freudianas, desde as lembranças encobridoras, passando por sua presença nos sonhos bem como na sexualidade infantil, vinculada à teoria da neurose, é objeto de recalcamento que dá corpo e existência à neurose de transferência, mostrando sua presença viva no presente. Essa noção foi enriquecida pelas contribuições pós-freudianas, por uma maior aproximação dos tempos do *infans*, as experiências anteriores à aquisição da linguagem (Ferenczi, Klein Winnicott, Bion, Lacan), ganhando complexidade cada vez maior a partir do reconhecimento da dimensão traumático-pulsional das vivências dos primeiros tempos de nossa existência.

Para lhes transmitir melhor, principalmente para nossos leitores mais jovens, gostaria de retomar a epígrafe que o escritor Ítalo Calvino cita em seu belo livro *As cidades invisíveis* (1972/2013), ao qual também recorro. Ardilosamente indagado pelo poderoso Kublai Khan sobre qual das pedras sustenta uma ponte, Marco Polo responde que o importante não é esta ou aquela pedra, mas a curva do arco que formam. Diz então Khan: "Por que falar das pedras? Só o arco me interessa" (p. 96), ao que Marco Polo responde sabiamente "Sem pedras, o arco não existe" (p. 96). O infantil é arco e pedra.

A noção de infantil pode ser compreendida em sua dimensão psicanalítica, partindo das originais e complexas perspectivas da psicanálise sobre a memória e a temporalidade, bem como sobre a potência do sexual infantil em seu contexto vincular da constelação edípica e pré-edípica.

Nas últimas décadas, a justificada ênfase dada ao estudo do irrepresentável, da figurabilidade, do pictograma e do arcaico, bem como aos estudos da relação mãe-bebê e a observação de bebês, aproximou o infantil de uma perspectiva de desenvolvimento, de processos contínuos, e acercou a noção de infantil da infância. Isso, como destaca Green, contribuiu para ofuscar a dimensão original do infantil freudiano, sua singularidade heterocrônica e sua diferença com uma psicologia do desenvolvimento. Voltaremos mais adiante a esse importante tema com uma reflexão mais detalhada.

Se os analistas têm modelos metapsicológicos que operam como teorizações sobre o psíquico, eles estão em correspondência com o que entendem explícita ou implicitamente por infantil. Da mesma forma, a transferência mantém um vínculo de pertinência com o conjunto de emergentes que o infantil possibilita ou determina. Não me refiro aqui à transferência exclusivamente como clichê repetitivo de uma forma predeterminada, leitura simplista muitas vezes feita para propor a modernidade de novas modalidades de compreender a situação analítica, mas como o elemento central de um magma pulsional inconsciente, mais ou menos estruturado, que impacta e modela o campo da relação analítica. O infantil aparece como encruzilhada inconsciente, incontrolável de qualquer processo analítico, pela qual é indispensável transitar.

Dada sua vinculação com a história e as *Erlebnisse* (vivências) individuais, o infantil foi objeto de leituras reducionistas, tratado como resquício positivista, representante de ideias que proporiam a recuperação ou reconstrução de um passado histórico "tal como foi", rotulando o modelo freudiano como se ele fosse uma arqueologia de uma matéria morta e ignorando seu presente vivo na situação analítica, como tão belamente nos mostrou Florence Guignard (1994), destacando a vigência do infantil no adulto e na maior ou menor elaboração do infantil no analista.

Nos diferentes continentes, surgiram leituras intrigantes e provocadoras, por exemplo, o desafiador livro *La construction de l'espace analytique*, de Serge Viderman (1970/1990), psicanalista francês, que trabalha de modo extremamente interessante e não menos polêmico o lugar da história e da reconstrução em análise. Diz o autor:

> Pode-se perguntar . . . se será legítimo falar de uma história do sujeito, uma vez que ela só se revela dentro

> *de uma situação e um enfoque tão específicos (situação analítica e campo transferencial) que é possível, com razão, questionar a objetividade das construções... devemos admitir... que, na realidade psíquica a que o espaço analítico nos faz ter acesso, a história dá lugar ao mito, e a realidade dos acontecimentos históricos à projeção pulsional. (p. 23).*

Deixo essa provocação para a reflexão de vocês, mas esclareço que minha leitura do infantil acompanha, nesse ponto, Jean Laplanche (1987/1992) quando diz: "ornamentar a fantasia com o belo nome de mito não muda em nada, a meu ver, o cerne do problema: a efetividade do originário infantil" (p. 167). Laplanche nos ajuda a abandonar aporias ou polêmicas para colocar o foco do debate clínico no que parece ser o potencial estruturante e ao mesmo tempo traumático pulsional do encontro com o outro.

Hoje, o 52º Congresso da IPA retoma, à luz dos avanços na clínica atual e das transformações na cultura, o convite, que Jean-Bertrand Pontalis fez em 1979, em sua prestigiosa revista *Nouvelle Revue de Psychanalyse*, a uma investigação do infantil. O que parecia óbvio merecia ser revisitado: "uma interrogação radical sobre a infância e o infantil".

Motivado por minha experiência clínica e minhas indagações, escrevi, em 1993, uma tese dedicada a uma extensa investigação sobre o tema, intitulada: *Memória e temporalidade: Sobre o infantil em psicanálise*, que posteriormente deu origem a este livro (Tanis, 1995). Em 1994, a *Revue Française de Psychanalyse* lançava um número especial, *L'enfant dans l'adulte*, um convite à reflexão sobre o infantil no adulto, com interessantíssimos trabalhos, entre eles, os de Brusset (1994) e de Guignard (1994).

Aprendemos muito com Melanie Klein (1975) e sua profunda penetração no universo inconsciente infantil, a riqueza da fantasia inconsciente e a dinâmica dos primeiros tempos da constelação edípica, bem como angústias e defesas dos primeiros tempos da formação do eu. Também aprendemos com os analisandos não neuróticos; não conseguimos conceber o nascimento do eu sem ser em um vínculo com o outro, como os vários modelos pós-freudianos destacam: confusão de línguas (Ferenczi, 1949), *holding* e transicionalidade (Winnicott, 1965, 2005[1971]), *rêverie* (Bion, 1933/1967, 1962/1991), implantação de significantes enigmáticos (Laplanche, 1987/1992, 2007), trauma narcísico-identitário (Roussillon, 1999), intersubjetivistas (Mitchel e Aron, 1999), teorias vinculares (Berenstein e Pujet, 1997). Esses modelos manifestam e desenvolvem ideias particulares sobre o modo como compreendem o intersubjetivo, alguns enfocam a intersubjetividade desde uma perspectiva dual; outros destacam na intersubjetividade uma dimensão de terceiridade, como Green (1995, 2003), que contempla necessariamente a dimensão terceira edípica, assim como a estrutura tríadica do signo tal como formulada por Charles Peirce (1991).

O infantil emerge como essa memória ativa e atual multifacetada de uma *Erlebnisse* infantil marcada pelo encontro pulsional com o próprio corpo (autoerotismo) e o do outro, e que, como nos diria Green, se apresenta para a psique desde as formas mais elaboradas de representação até aquelas de maior expressividade afetiva e menor representação simbólica. Ao longo de sua obra, Freud desenvolveu um gradiente de objetos psíquicos e de múltiplas formas de inscrição e memória, desde as lembranças encobridoras, a amnésia dos primeiros anos de vida, passando pelo *agieren* transferencial e chegando até a compulsão à repetição e o traumático não representado.

O infantil é uma trama complexa marcada pelo recalque do sexual infantil; outras vezes se infiltra pelas gretas do traumático, o desmentido e retorna em forma de ato ou, como mais recentemente diria Roussillon (1999) ao estudar o trauma narcísico-identitário, como retorno do cindido por meio de ligações não simbólicas que estão na origem de adições, compulsões, somatizações e demais patologias não neuróticas.

Embora haja diferenças na maneira de compreender o lugar do outro (também do Outro) e a intersubjetividade nas distintas teorizações, com consequências para o exercício da clínica, é indiscutível que a situação analítica é concebida como um campo de forças intersubjetivas (Baranger, 2008) indissociável da presença inconsciente infantil de ambos os integrantes da dupla, que conserva, no entanto, do meu ponto de vista, a assimetria dos lugares. O impacto do infantil com toda a sua carga pulsional ordena o campo e é gerador de efeitos contratransferenciais no analista.

O infantil se veicula na associação livre, na transferência sobre o analista, no enquadre e na transferência sobre a linguagem. Ele pode adotar forma de ato e os fenômenos de *enactment* recíprocos.

Voltando à ponte, às pedras e ao arco, vou tomar, nesta segunda parte deste escrito, alguns elementos, sempre parciais, que considero matrizes para aprofundar o debate em torno do infantil:

- Memória, temporalidade e história.
- O infantil, o sexual e as questões de gênero.
- O dispositivo analítico, a transferência e as condições de simbolização.
- O infantil e a criatividade.

Memória, temporalidade e história

As indagações sobre a temporalidade constituem um mosaico de recomposições múltiplas e sempre abertas. A noção de tempo tem um papel fundamental como elemento instituinte da subjetividade, uma vez que alberga e acolhe o vivencial como possibilidade narrativa e criativa do eu e da cultura. Um dos principais eixos de nossa matriz subjetiva é atravessado pelo infantil, pelos tempos de inscrição, a atemporalidade do inconsciente e sua vigência atual.

Nos últimos anos, foram publicados vários trabalhos interessantes, apresentados em congressos e debates sobre o tema. Menciono apenas alguns autores, como Azevedo (2011), Birksted-Breen (2003), Dahl (2011), Faimberg (1985, 1996), Green (2000, 2008), Perelberg (2007), Tanis (1995, 2011) etc. Para André Green – que, em seu texto *Tempo e memória* (1990/2002), já destacava a necessidade de se aprofundar na compreensão dos processos de memória e temporalidade, e como demonstram vários trabalhos publicados em coletâneas (Green, 2000, 1990/2002, 2008) –, a temporalidade sempre foi uma preocupação, até os últimos anos de sua vida.

Em sua dimensão instituinte, permite indagar sobre as formas que o infantil assume na subjetividade contemporânea, quando o tempo se acelera e comprime, se esvazia de sentido histórico na sociedade de consumo generalizado e nos impõe um presente perpétuo, raiz de um vazio que dá lugar a compulsões e adições.

Com a pandemia, vivemos, perplexos, um congelamento do tempo, uma hipertrofia do presente, que nos condenou a um passado nostálgico e tornou impossível sonhar um futuro. Reconhecemos em nossas clínicas o desamparo e a incerteza, e sua ressonância com aspectos infantis nas singulares configurações que a pandemia despertou.

O imaginário cultural da humanidade sempre esteve povoado de mitos, lendas e histórias sobre a origem: a origem do universo, da cultura, do homem, dos sexos. A fantasia sobre a origem, sobre os começos, expressa o gesto fundacional do humano e da cultura, tal como Freud tentou descrever em *Totem e tabu* (1913 [1912-1913]/1991b) e na ideia de *Urphantasien*. O recurso mítico demonstra, desde os alvores da humanidade, a necessidade de construir uma narrativa individual e coletiva em torno do mistério que envolve a origem. No entanto, não esqueçamos que Freud escreve sobre a importância inicial do ato.

O famoso escritor israelense Amós Oz analisa, na introdução de um pequeno, mas fascinante livro, *E a história começa* (1999/2007), dez inícios de contos e romances de grandes autores da literatura universal: Kafka, Gogol, García Márquez, Tchekhov, Agnon, entre outros. Oz se pergunta: "Mas, o que é, em última análise, um começo? É possível que exista, em teoria, um começo conveniente a qualquer história que seja? Não existe sempre, sem exceção, um latente 'começo antes do começo'?" (p. 17).

Existe, sem dúvida, uma tendência da psique a um ordenamento temporal, um antes e um depois, que obedece a uma cronologia. *Cronos*: tempo circular grego, e judaico-cristão linear, que fala de um começo (origem) mítico e um destino. De fato, seja na utopia nostálgica de uma origem perdida ou na utopia messiânica de uma totalização ou completude prometida, a crença básica continua sendo a mesma: havia ou haverá um perfeito agora como residência privilegiada do ser. Por isso, as duas orientações podem confluir em uma experiência circular e cíclica do tempo e contribuem para uma perspectiva imaginária sobre o tempo e as crianças.

A flecha do tempo é inexorável para nossa consciência, nosso corpo e nossas vidas. Na medida em que a heterogeneidade dos objetos psíquicos se faz presente na transferência – que, teorizada desde Freud, corresponderá também a uma heterocronia (Green, 2000), ou seja, a uma complexa rede mnemônica irredutível a uma única modalidade de funcionamento temporal –, as diferenças nos regimes temporais dos processos primários e secundários, o modelo regressivo do sonho, o *après-coup* e a dimensão pulsional que obedece ao desejo e à compulsão de repetir são modalidades que, desde a Psicanálise, questionam a ideia do tempo vivido como continuidade subjetiva.

Examinemos as principais perspectivas. Por um lado, temos aquelas que se centram no processo, na continuidade temporal, em um desenvolvimento progressivo que pode ter sido interrompido ou congelado. Dominantes no desenvolvimento da Psicanálise inglesa, reconhecem um ordenamento evolutivo da psique, processos de estancamento que, por meio da intervenção analítica, poderiam recuperar o livre fluxo da circulação temporal. Embora existam diferenças entre os principais autores ingleses (por exemplo, entre Klein, Bion e Winnicott), temos a impressão de que a ideia de desenvolvimento e continuidade temporal ocupa um espaço importante para todos.

Por outro lado, há enfoques que se centram no instante, na descontinuidade e na ruptura na constituição da temporalidade e em um reordenamento posterior (*après-coup*). O segundo modelo toma como premissa principal a inovadora ideia freudiana de *nachträglich*, traduzida por Lacan, em 1945, por *après-coup*, e retomada com grande ênfase por Laplanche, que contribuiu para transformá-la em uma marca da Psicanálise francesa. Esse mecanismo não deve ser confundido com uma fantasia retrospectiva, caracterizando-o sinteticamente, é um reordenamento *a posteriori* do potencial inscrito em T_1 a partir de um segundo momento T_2; mantém um vínculo com as primeiras ideias sobre os dois tempos do trauma já esboçadas no *Projeto para uma psicologia científica* (Freud, 1950 [1895]/1991a).

Ambos, *avant-coup* e *après-coup*, estão presentes tanto na clínica como no pensamento freudianos.

Gostaria de destacar um terceiro registro relacionado com os dois anteriores, mas que tem sua especificidade, que é a introdução do evento (o acontecimento) e do atual como elemento temporal. Inspiro-me em Pujet (2005), Bleichmar (2006) e Scarfone (2014) e em minha própria experiência clínica.

Este é o tempo de *Aion*, tempo de abertura para o desconhecido (Pujet, 2005). Está inscrito indelevelmente no impacto do encontro com outro, que abre as possibilidades de alteridade e criação, mas que também possui um potencial traumático vinculado ao sofrimento do contato com o imprevisto que pode ser fonte de alienação, de submissão masoquista a um narcisismo destrutivo. É abertura para o campo da transferência e suas vicissitudes.

Nesse momento em que se abrem novas perspectivas, perdem-se referências do passado, surge a incerteza, o medo do desconhecido.

Aqui, memória, temporalidade e o infantil manifestam sua potência transformadora na cena analítica.

> *A revolução copernicana na história consiste, em [Walter] Benjamin, em passar do ponto de vista do passado como fato objetivo ao do passado como fato de memória, ou seja, como fato em movimento, fato tanto psíquico quanto material. A novidade radical dessa concepção . . . da história é que ela não parte dos fatos passados em si mesmos (uma ilusão teórica), mas do movimento que os recorda e os constrói no saber presente do historiador. (Didi-Huberman, 2006/2011, p. 155).*

Estamos aqui claramente numa perspectiva psicanalítica da relação dos tempos e da forma como se articulam. Para a psicanálise de inspiração freudiana:

> *a memória, em toda sua complexidade, conserva a capacidade de resgatar o tempo da história. Não como um tempo passado, mas como um tempo inscrito nas entranhas do presente. Alude à força sísmica de um infantil que se nega a ser esquecido, e se apresenta ante a consciência como a Esfinge ante Édipo. (Tanis, 1995, p. 63).*

No entanto, para que o tempo de diferentes escalas inerentes à constituição do psíquico e as diferentes expressões do sofrimento humano possam encontrar seu lugar no contexto analítico, as alternâncias entre presença e ausência serão determinantes, assim como o tempo de espera, corolário da experiência de fenômenos de ilusão e transicionalidade no contexto da relação psicanalítica.

O processo de constituição do psiquismo e da personalidade é percebido, cada vez mais, como um processo heterogêneo de temporalização, representação e simbolização no qual se articulam o par pulsão-objeto, o intrapsíquico e o intersubjetivo. Mas também temos de reconhecer outro vértice suplementar aos anteriores, a atualidade do tempo histórico de um mundo em mutação, no momento do desenvolvimento econômico, social e cultural em que vivemos. Ao falar do contemporâneo, Agamben (2009) denuncia a ilusão de estar em uníssono com seu tempo, numa aproximação da sensação de opacidade constitutiva. Considero uma importante tarefa para a psicanálise atual investigar, desde a clínica psicanalítica, a incidência desse quarto eixo.

O infantil, o sexual e as questões de gênero

Foi Freud que, em seus três ensaios sobre a sexualidade infantil, escritos em 1905, apresentou a sexualidade infantil, um conceito inovador que alude ao polimorfismo do desejo sexual, questionando os pontos de vista de sua época, que viam na variedade do exercício da sexualidade o fruto de uma doença ou uma degeneração.

Nesse sentido, Freud estabelece a diferença entre a pulsão sexual e o instinto. Seu corolário é que, para os humanos, o objeto de satisfação da pulsão sexual é contingente e não preestabelecido. Isso inclui a disposição bissexual de todos nós. Faz-se imperativo aqui destacar que, evidentemente, utilizando um vocabulário de sua época, Freud reconhece o impacto da cultura modelando a natureza. Desde essa perspectiva, tanto o sexual infantil como a sexualidade adulta estarão intrinsecamente vinculados aos imaginários epocais, assim como à influência do outro, seja nos processos de libidinização do *infans*, seja nos processos identificatórios, na trama edípica e na formação das instâncias ideais – instâncias que, como bem descreve Freud em relação do narcisismo e ao supereu, não estariam desvinculadas da dimensão pulsional infantil que as constitui.

Diz Laplanche (2007/2014): "O sexual é múltiplo, polimorfo. Descoberta fundamental de Freud, encontra seu fundamento no recalcamento, no inconsciente, na fantasia. É o objeto da psicanálise" (p. 153). O sexual é o recalcado e é recalcado por ser sexual, matriz fundadora do desejo infantil.

Se, por um lado, a emergência de um funcionamento neurótico com seus recalcamentos, regressões e pontos de fixação mostra certa fluidez das figuras da sexualidade infantil, por outro, o desafio da clínica a partir da segunda tópica freudiana, a inclusão da pulsão de morte e, posteriormente, a clínica dos casos-limite nos mostram a importância de uma reorganização *après-coup*, no processo analítico, de uma sexualidade infantil, cujo prazer visa liberar-se de uma coexcitação libidinal mortífera.

A inclusão das questões de gênero no debate sobre a sexualidade no campo da cultura nas últimas décadas produziu um deslocamento e uma interrogação renovada em torno do campo da sexualidade, do sexo e do gênero na clínica psicanalítica e levou a acalorados debates sobre nossas referências teóricas e intervenções clínicas. Esse deslocamento nos leva a dar uma atenção necessária às dimensões identificatórias e ao lugar da cultura na construção da sexualidade humana, já presente em Freud, como assinalamos anteriormente.

Em sua versão freudiana, o infantil estaria vinculado mais à fantasia que ao objeto e, portanto, seria autoerótico, regido pela fantasia, pelo inconsciente. Por outro lado, os estudos de gênero também desempenharam um papel na expansão da compreensão dos papéis e das características sociais atribuídos ao que chamamos de homem e mulher, em termos de certos contextos históricos, políticos e culturais.

Essa investigação inclui a dimensão político-histórica dos lugares negativos atribuídos à mulher e questiona a ideia de identidade feminina que teria como referente o masculino. Ademais, teve grande importância na despatologização do homoerotismo.

Desde a Psicanálise, podemos argumentar que o caminho da psicossexualidade é um movimento complexo de montagens e ressignificações, de articulações originadas em diferentes setores da vida psíquica e corporal, com uma forte incidência cultural e ideológica que convida a investigar o que podemos chamar de constituição de identidade sexual e de gênero. Laplanche (2007/2014) insiste na importância de incorporar o debate sobre gênero a nosso campo e afirma que o gênero seria atribuído por meio de uma *designação*. Designação indica a prioridade do outro no processo identificatório, um processo que não é pontual, não se limita a um único ato.

Cabe mencionar que os debates sobre gênero (motivados pelas obras de Monique Wittig, Gayle Rubin, Judith Butler e, recentemente, Paul Preciado) impulsionaram em Psicanálise uma necessidade de maior investigação a respeito de noções centrais, como é o caso das noções de diversidade e diferença. Podemos pensar que a primeira obedece à temática dos gêneros e suas cambiantes formas e características culturais e epocais, ao passo que, na segunda, a diferença opera simbolicamente no campo do real e exige uma complexa operação simbólica que implica o reconhecimento da alteridade, a diferença de gerações e a diferença dos sexos em jogo numa trama edípica e na formação das instâncias ideais. Esses são aspectos extremamente relevantes em relação ao infantil e ao que entendemos por acesso ao simbólico.

Por um lado, Leticia Glocer Fiorini (2015) argumenta que o reconhecimento da diferença e seu correlato – ter acesso ao mundo simbólico – não pode ser atribuído apenas ao reconhecimento da diferença no contexto da sexualidade binária. É relevante para um debate em torno do infantil a ideia de anterioridade do gênero em relação ao sexo – que transtorna os hábitos de pensamento rotineiros, que colocam o biológico antes do social –, anterioridade da designação em relação à simbolização: isso coloca na ordem do dia o tema das primeiras identificações.

Por outro lado, Jacques André, num amplo e crítico estudo, argumenta que:

> *A anatomia imaginária é o destino, o sexo psíquico sempre prevalecerá sobre o sexo anatômico. . . . Até aí, pode-se estar de acordo com o construtivismo das*

> *teorias de gênero de que o corpo, o sexo, não escapa da atividade simbólica e que ele não nos é acessível aquém da ordem de representação. O momento delicado é quando a teoria se converte em ideologia, quando o performativo acaba se convencendo da magia de seu próprio poder e que a linguagem se acredita sozinha no mundo. (André, 2019, pp. 26-27).*

Como vemos, no campo da teoria, o assunto é complexo. Sabemos que a clínica é nossa bússola, mas, para que ela não nos indique sempre a mesma direção, como um dado viciado, teremos de estar atentos aos debates da época; não é necessária a fusão com o epocal, mas acho que ajuda a manter nossa escuta viva e atual, livre de preconceitos.

Não posso, neste momento, me estender sobre esse tema de extrema atualidade clínica e teórica. Assinalo apenas a necessidade de dar importância ao debate sobre os múltiplos campos em que a questão da diferença e do simbólico se organizam, questões relevantes para pensar o infantil na Psicanálise contemporânea.

O dispositivo analítico, a transferência e as condições de simbolização

A cena analítica pode conter as condições espaçotemporais que contemplam simbolicamente os espaços e tempos de nossa existência e de nossa psique. Em outras palavras, esperamos criar as melhores condições para acolher e escutar o infantil e o sofrimentos subjetivo em nossos dias. O interrogante e o desafio estão alojados na fronteira entre clínica e teoria.

O potencial infantil pulsa na situação de transferência. Um pulsar que se atualizará para nós, analistas, tanto na experiência transferencial em configurações neuróticas, como em seu potencial traumático-pulsional da vivência inscrita não metabolizada, que domina a compulsão à repetição e angústias impensáveis.

A clínica atual nos situa fora de territórios seguros. Se quisermos ser fiéis a uma ética psicanalítica que não se ajuste ao normativo, que se afaste do paradigma cognitivo-comportamental, teremos de enfrentar os desafios de trabalhar em áreas mais desconhecidas, nos confins e nas arestas da subjetividade onde nem sempre chegam os mapas náuticos. Teremos de lidar com os efeitos de nossa presença e ausência: as distâncias se encurtam entre analista e analisando. O domínio do verbal encontra seus limites nas angústias indizíveis que operam em atos. Nesses casos, identifico um risco de situações de análise interminável devido à dimensão de captura numa trama dual, dominada pela indiscriminação do afeto-representação. Trata-se, talvez, de uma gestão das condições espaço temporais do enquadre, do uso das palavras e do silêncio para que, uma vez que ambos habitem o espaço da ilusão, o trabalho do negativo (Green, 2006) possa se realizar. Winnicott (1971/1975) já assinalou o caminho que implica manejar (*handling*) o enquadre e o lugar do brincar, da ação, quando nem tudo pode ser representado, e Bleger (1967) identificou o enquadre como o depositário dos aspectos psicóticos da personalidade.

Green propõe uma dupla perspectiva para o enquadre: uma matriz ativa, o núcleo da ação analítica e uma configuração externa e variável (presencial, em divã, número de sessões, trabalho em instituições) como matriz protetora.

Contudo, de que se trata quando falamos do enquadre interno do analista? Alizade (2002), em uma interessante reflexão, nos convida a pensar que talvez a institucionalização da psicanálise e o medo da contaminação por fatores oriundos de outras disciplinas produziram um controle excessivo sobre o que se convencionou chamar de *enquadre*. Essa ênfase excessiva no aspecto externo do enquadre parece ter definido um enquadre tipo. Por isso, propõe a ideia de um marco interno implícito na regra da associação livre, a regulação dos processos psíquicos que emanam das configurações internas do analista, a capacidade de empatia e permeabilidade do analista, seu próprio inconsciente e o desenvolvimento de sua capacidade criativa na arte de tratar. Trabalhar com e em silêncio, com a condição não formalizável dos afetos. A esse marco interno, o autor dá um estatuto teórico-vivencial, em que o analista pode encontrar uma espécie de espontaneidade que flutua livremente.

Considero que possa ser útil trabalhar com a ideia de dispositivo analítico, que me parece mais elástica e rica do que a ideia de *setting* ou enquadre, em função de nossa clínica atual, na qual o infantil se estende para outras direções. Seria demasiado extenso desenvolver um pensamento a esse respeito neste trabalho, mas deixarei apenas algumas ideias como sugestões para os leitores, estabelecendo um diálogo com reflexões de René Roussillon (2005) e a perspectiva que estou apresentando em torno do infantil.

Roussillon dedica alguns capítulos do *Manuel de la pratique clinique en psychologie et psychopathologie* (2012b) para esclarecer sua perspectiva do dispositivo analisante: ao mesmo tempo que o dispositivo tem a função de produzir objetos simbólicos – assim como outros dispositivos da cultura –, sua singularidade está em que permite uma apropriação subjetiva das representações e figuras produzidas. Para que isso ocorra, três funções do dispositivo são imprescindíveis: o acolhimento ou continência, a identificação de signos indiciais no encontro e a capacidade de metaforização.

Contudo, ao levar em consideração o infantil em toda sua complexidade e força atual por meio da Psicanálise contemporânea, os analistas, com o risco de cercear ou desmentir aspectos da subjetividade, se sentirão muitas vezes levados a alterar as condições do dispositivo para assim atender à primeira dimensão do dispositivo: acolher o mal-estar e o sofrimento em um contexto em que este possa se expressar.

Foi o que todos vivemos durante este ano de pandemia, apesar do fato de que muitos analistas já vinham trabalhando não só em atendimento remoto, mas também em diferentes variações do enquadre, principalmente quando – a partir de uma concepção ampliada pela investigação clínica nas últimas décadas e desde Green (1975) – o modelo clássico do sonho que mais se adaptava ao modelo do enquadre clássico foi cedendo lugar ao modelo do jogo/ato, no qual a ação não é concebida apenas como defesa (*acting*), mas também como modalidade de comunicação e expressão de uma dimensão traumática pulsional com precárias ligações não simbólicas.

Vale dizer que, se o enquadre clássico se adaptava bem ao modelo de simbolização do sonhar, a ideia do dispositivo pode conter de modo ampliado a dimensão do ato e do jogo, tão presentes em uma clínica com analisandos não neuróticos.

O infantil e a criatividade

Uma das conquistas da análise é a possibilidade de transformar um sentimento negativo de solidão, marcas de certas configurações do infantil, em uma experiência na qual a solidão se manifesta como fundamento da singularidade e como a capacidade de se voltar para o outro. O infantil pode conter em si uma reserva potencial, resistência ante as forças de um narcisismo negativo que favorece a desconexão.

Quando falamos de transformação e criação, surge a ideia freudiana de sublimação, noção sobre a qual vários analistas já expressaram as dificuldades teóricas que representa.

A teoria da sublimação envolve, em suas diferentes versões – tanto na primeira, conservando sua energia, mas mudando a finalidade e o objeto da pulsão (Freud, 1908/1986b), ou na segunda, centrada no domínio de *Eros* (Freud, 1930 [1929]/1986a) –, um movimento para produzir objetos culturais que geralmente podem ser compartilhados. Vale dizer que a cultura ocupa um lugar central nos destinos da sublimação. Podemos assinalar que essas produções têm um valor simbólico que lhes permite ser compartilhadas e desfrutadas por outros.

Trabalhando com meus analisandos, me dei conta de que essa capacidade simbólica e criativa era, de início, extremamente deficiente. O interesse principal estava nos aspectos narcisistas ou fusionais da existência. O mundo e o espaço cultural só tinham sido utilizados como um grande supermercado para o consumo ou a oferta de seus bens.

A perspectiva de Winnicott do espaço potencial e dos fenômenos transicionais nos ajuda a compreender o surgimento das primeiras mediações simbólicas com esses pacientes – houve uma emergência criativa no contexto da análise, uma transformação em relação ao infantil e um nascimento ou reapropriação de áreas da personalidade que, até então, não pareciam existir pela força de clivagens defensivas impostas.

Se Winnicott nos diz que a análise se desenrola na intersecção entre duas áreas de jogo, a do analista e a do analisando, podemos indicar outra metáfora que fala da solidão compartilhada. Destacamos a importância do outro na constituição do infantil. Há uma tensão entre o eu incipiente e o objeto, sobre a qual se aloja a noção de objeto-trauma de Green. Todo nosso percurso mostrou a importância desse outro na perspectiva contemporânea sobre o infantil. No lugar desse outro, o analista pode às vezes abrir uma brecha que, quando não é vivida como vazio ou intrusão, abre, por sua vez, uma nova relação com a alteridade.

Quando se trabalha com processos de simbolização e criação, o processo analítico não só torna consciente o inconsciente, mas produz experiências culturais sem precedentes. Jurandir Freire Costa (2000), comentando a contribuição de Winnicott para as ideias de cultura e manejo do mal-estar, afirma:

> *Ao falar da "localização da experiência cultural no psiquismo", ele realça o que parece ser, ao mesmo tempo, trivial e inusitado. A cultura não é algo exterior ao "substrato" do sujeito e tampouco é o outro da pulsão. Do mesmo modo, seu objetivo primordial não é vetar o acesso das pulsões à vida mental consciente ou à realidade. A cultura é o lugar onde o simbólico e o pulsional interagem. É parte integrante da subjetividade, seja a título de regras gerais de pensamento, desejos e julgamentos, seja a título de meio onde a pulsão encontra os objetos de satisfação e se defronta com as manifestações pulsionais do outro. As pulsões, em particular as pulsões criativas, precisam do "jogo", do "brincar" ou da área intermediária para não se tornarem um pântano de águas paradas, fadadas ao desaparecimento pela evaporação. (p. 24).*

Muitos analisandos tinham despojado a cultura, o social, de um espaço de criação, um espaço lúdico e potencial. Resulta que, em grande medida, como ilustram os itens anteriores, em certos aspectos as culturas das grandes cidades globalizadas também perderam essas características, favorecendo assim essa alienação do outro. O infantil, quando é acolhido pelo dispositivo analítico em presença viva de um analista com o qual o jogo transicional pode ocorrer, favorece a emergência do criativo da vida, em que o pulsional e o cultural se entrelaçam e expressam criativamente um potencial silenciado em outros contextos.

A modo de conclusão: O infantil "à flor da pele"

Nossa exposição destacou que o que interessa ao psicanalista hoje não é um infantil fático, de fatos, mas um infantil vivo, em movimento, que possa dar lugar a uma historicização simbolizante, que aponte para o novo, para a neogênese, recuperando duas noções centrais do pensamento clínico freudiano em relação ao tempo, o *après-coup* e o apoio (*Anhelung*), nas quais o par pulsão-objeto se entrelaça irrevogavelmente aos acontecimentos.

O que chamamos, então, de capacidade de historicização obedece ao corolário dos processos de simbolização que estará ligado a complexos mecanismos psíquicos nomeados por vários autores: a retranscrição do traço, o processamento psíquico dos "signos de percepção", produto de experiências traumáticas não metabolizáveis (Laplanche, 1988), a figurabilidade (C. Botella e S. Botella, 2001), a transformação do vivido inscrito na experiência.

Mencionamos várias vezes a inscrição da "vivência" (*Erlebnisse*), pois creio que sua comparação com a ideia de "experiência" (*Erfahrung*) nos ajuda. Mantenho os termos em alemão, já que se referem ao uso freudiano e à caracterização que deles faz Walter Benjamin, o que considero ser significativo para nosso campo. *Erfahrung* contém a raiz *farhen*, que alude ao movimento de cruzar, viajar. Estamos no território da sedimentação narrativa, a partir da acumulação temporal e geracional de tradições que se atualizam em mitos, lendas e provérbios, e que conectam gerações. Tem uma dimensão imaginária, mas isso serve como contexto e suporte para uma dimensão simbólica. *Erlebnisse*, em contrapartida, se refere mais ao instante, à experiência individual singular, menos conectada com a comunidade de homens. Como situar o infantil nessa dialética da vivência e da experiência, desde a perspectiva psicanalítica atual e o tempo que nos toca viver? Muitos de nossos analisandos relataram vivências, sensações, fantasias e pensamentos intoleráveis em função da pandemia de Covid-19.

A dimensão temporal se viu totalmente eclipsada pelo atual, presente absoluto. Incerteza com respeito ao amanhã, o passado que vai se tornando longínquo: o presente reina, absoluto, como acontecimento difícil de ser metabolizado.

Não deixa de evocar condições primordiais da constituição subjetiva, anteriores ao nascimento do pensamento e dominadas pela urgência da necessidade. Percebemos as ressonâncias com o infantil e sua atualização "à flor da pele". Os sonhos se intensificaram, muitas vezes nos pareciam uma espécie de trabalho de mineração, de recuperação de recursos de outros tempos para lidar com os desafios de uma atualidade devastadora. Sonhamos para poder metabolizar, representar, para fortalecer o que poderiam ser anticorpos psíquicos com os quais enfrentar o tóxico de uma experiência avassaladora e ameaçadora.

Os cenários do isolamento social colocaram em jogo o lugar que ocupamos como analistas diante de situações regressivas que envolviam intensas angústias ante momentos de solidão ou, por momentos, de presença invasiva e insuportável do outro. Estamos mais em contato com nós mesmos, com nossos corpos, nossas fantasias. Para alguns, essa situação de privação da presença de outros pode ter sido redutora de ansiedades fóbicas e funcionar como refúgio temporário, mas, para outros, pode ter intensificado angústias paranoides, claustrofóbicas.

O estado de emergência e incerteza se aloja como perplexidade, que em alguns analisandos pode gerar efeitos desestruturantes, até chegar a questionar os pilares que sustentam a representação de si. Na medida em que a confiança é um dos elementos que contribuem para aplacar o sentimento de desamparo constitutivo, quando essa se vê ameaçada por diferentes motivos e instâncias sociais – família, escola, trabalho, governo, negligência, incapacidade, desconsideração, autoritarismo –, são mobilizados aspectos traumáticos do infantil, o que gera sentimentos de impotência, revolta ou submissão ao agressor. São efeitos ante uma condição passiva que possui o potencial de reativar, por sua vez, efeitos residuais do encontro com o outro.

A análise tem o potencial de conectar o indivíduo com sua história e com a história das gerações que o precederam, com a cultura a que pertence, ampliando e ressignificando o campo de *Erlebnisse*, restaurando ou instituindo um tempo coletivo, simbólico, no qual o novo e o velho obedecerão não a uma lógica de submissão ou subordinação, mas a um movimento crítico. Isso pode ser devido a uma terceira percepção do tempo no contexto da análise: *Kairós*, tempo justo, tempo que dá sentido, tempo de vertigem, mas de reordenamento da subjetividade, ganhando assim o estatuto de *Erfahrung* (experiência) compartilhada.

A partir dessa perspectiva, o infantil não emerge apenas como repetição ou resistência, mas também como convite para a busca de uma experiência criativa e reparadora (neogênese) do que não pôde ser experimentado como continuidade de ser, como expressão potencial do *self*, como impulso criativo e que, por incapacidade ou inadequação do objeto primário, teve de ser recalcado ou clivado.

Transformar a relação com o infantil não significa eliminá-lo, mas permitir um reordenamento, uma ressignificação para que o novo possa advir. Fonte de desilusão ou inspiração, nunca deixará de ser referência.

Referências do posfácio

Agamben, G. (2003). *Infância e história*. Buenos Aires: Adriana Hidalgo. [Ed. bras.: Belo Horizonte, Editora UFMG, Henrique Burigo, 2008.]

Agamben, G. (2009). O que é o contemporâneo? (V. N. Honesko, trad.). In *O que é o contemporâneo? e outros ensaios*. Chapecó: Argos.

Alizade, M. (2002). El rigor y el encuadre interno. *Revista Uruguaya de Psicoanálisis, 96*, 13-16.

André. J. (2017). Quel genre de sexe? In André, J.; Bernateau, I.; Estellon, V.; Guyomard, P.; Kahn, L. e Sénac, R. *Quel genre de sexe?* (pp. 17-34) Paris: PUF.

André, J. (2019). L'inconscient est politiquement incorrect. *Filigrane, 28*(1), 15-32. https://doi.org/10.7202/1064594ar.

Azevedo de, A. M. A. (2011). Algumas considerações sobre o tempo. *Jornal de Psicanálise, 44*(81), 67-84.

Baranger, W. (2008). The analytic situation as a dynamic field. *International Journal of Psycho-Analysis, 89*, 795-826.

Berenstein, I. e Pujet, J. (1997). *Lo vincular: Clínica y teoría*. Buenos Aires: Paidós.

Bion, W. R. (1967). *Second thoughts*. Londres: Karnac. (Trabalho original publicado em 1933).

Bion, W. R. (1991). *Bion learning from experience*. Londres: Karnac. (Trabalho original publicado em 1962).

Birksted-Breen, D. (2003). Time and the après-coup. *International Journal of Psycho-Analysis, 84*, 1501-1515.

Birman, J. (2008). Criatividade e sublimação em psicanálise. *Psicologia Clínica, 20*(1), 11-26.

Bleger, J. (1967). Psychoanalysis of the psychoanalitical frame. *International Journal of Psycho-Analysis, 48*, 511-519.

Bleichmar, S. (1993). *La fundación del inconsciente*. Buenos Aires: Amorrortu. [Ed. bras.: *A fundação do insconsciente*: Porto Alegre, Artes Médicas.]

Bleichmar, S. (2001). *Clínica psicoanalítica y neogénesis*. Buenos Aires: Amorrortu. [Ed. bras.: *Clínica psicanalítica e neogênese*. São Paulo: Annablume, 2005.]

Bleichmar, S. (2006). La desconstrucción del acontecimiento. In Glocer Fiorini, L. (comp.). *Tiempo, historia y estructura: Su impacto en el psicoanálisis contemporáneo*. Buenos Aires: Lugar Editorial e APA Editorial.

Botella, C. e Botella, S. (2001). *La figurabilité psychique*. Lausanne: Delachaux et Niestlé.

Brusset, B. (1994). L'enfant, l'infantile et la causalité psychique. *Revue Française de Psychanalyse, 58*(3), 693-706.

Calvino, I. (2013). *Las ciudades invisibles*. Madrid: Siruela. (Trabalho original publicado em 1972). [Ed. bras.: *As cidades invisíveis*: São Paulo: Companhia das letras, trad. Diogo Mainardi, 1990.]

Dahl, G. (2011). Os dois vetores temporais de Nachträglichkeit no desenvolvimento da organização do ego: A importância do conceito para a simbolização dos traumas e ansiedades sem nome. *Jornal de Psicanálise, 44*(80), 95-11.

Dayan, M. (1985). *Inconscient et realité*. Paris: PUF.

Didi-Huberman, G. (2011). *Ante el tiempo*. Buenos Aires: Adriana Hidalgo. (Trabalho original publicado em 2006).

Faimberg, H. (1985). El telescopaje de generaciones. *Revista de Psicoanálisis, 42*(5), 1043-1056.

Faimberg, H. (1996). Listening to listening. *International Journal of Psycho-Analysis, 77*, 667-677.

Faimberg, H. (1997). Misunderstanding and psychic truths. *International Journal of Psycho-Analysis, 78*, 439-451.

Faimberg, H. (2012). Jose Bleger's dialectical thinking. *The International Journal of Psycho-Analysis, 93*, 981-992.

Ferenczi, S. (1949). Confusion of the tongues between the adults and the child: The language of tenderness and of passion. *International Journal of Psycho-Analysis, 30*, 225-230. [Ed. bras.: Ferenczi, S. (1992). Confusão de línguas entre os adultos e a criança. (A. Cabral, trad.). In *Psicanálise IV* (pp. 97- 106). São Paulo: Martins Fontes. (Original publicado em 1933)]

Freire Costa, J. (2000). Prefácio. In Kehl, M. R. (Org.). *Função fraterna* (pp. 7-30). Rio de Janeiro: Relume-Dumará.

Freud, S. (1986a). El malestar en la cultura. (J. L. Etcheverry, trad.). In *Obras completas* (vol. 21, pp. 57-140). Buenos Aires: Amorrortu. (Trabalho original publicado em 1930 [1929]).

Freud, S. (1986b). La moral sexual "cultural" y la nerviosidad moderna. (J. L. Etcheverry, trad.). In *Obras completas* (vol. 9, pp. 149-158). Buenos Aires: Amorrortu. (Trabalho original publicado em 1908).

Freud, S. (1989a). Construcciones en el análisis. (J. L. Etcheverry, trad.). In *Obras completas* (vol. 23, pp. 255-270). Buenos Aires: Amorrortu. (Trabalho original publicado em 1937).

Freud, S. (1989b). Moisés y la religión monoteísta. (J. L. Etcheverry, trad.). In *Obras completas* (vol. 23, pp. 1-132). Buenos Aires: Amorrortu. (Trabalho original publicado em 1939 [1934-1938]).

Freud, S. (1989c). Nota sobre la "pizarra mágica". (J. L. Etcheverry, trad.). In *Obras completas* (vol. 19). Buenos Aires: Amorrortu. (Trabalho original publicado em 1925 [1924]).

Freud, S. (1991a). Proyecto de psicología. (J. L. Etcheverry, trad.). In *Obras completas* (vol. 1, pp. 323-446). Buenos Aires: Amorrortu. (Trabalho original publicado em 1950 [1895]).

Freud, S. (1991b). Tótem y tabú: Algunas concordancias en la vida anímica de los salvajes y de los neuróticos. (J. L. Etcheverry, trad.). In *Obras completas* (vol. 13, pp. 1-164). Buenos Aires: Amorrortu. (Trabalho original publicado em 1913 [1912-1913]).

Freud, S. (1992a). De la historia de una neurosis infantil. (J. L. Etcheverry, trad.). In *Obras completas* (vol. 17, pp. 1-112). Buenos Aires: Amorrortu. (Trabalho original publicado em 1918 [1914]).

Freud, S. (1992b). Tres ensayos de teoría sexual. (J. L. Etcheverry, trad.). In *Obras completas* (vol. 7, pp. 109-224). Buenos Aires: Amorrortu. (Trabalho original publicado em 1905).

Freud, S. (1992c). 17ª Conferencia. El sentido de lossíntomas. In S. Freud. *Obras completas*. Vol. 13. Buenos Aires: Amorrortu Editores. (Obra original publicada em 1916-1917).

Gagnebin, J. M. (2006). Verdade e memória do passado. In Gagnebin, J. M. *Lembrar escrever esquecer* (pp. 39-48). São Paulo: Editora 34.

Gibault, A. (1989). Destins de la symbolisation. *Revue Française de Psychanalyse, 59*(sup.), 1375-1519.

Glocer Fiorini, L. (2015). *La diferencia sexual en debate: Cuerpos, deseos y ficciones.* Buenos Aires: Lugar.

Gondar, J. (2006). Winnicott, Bergson, Lacan: Tempo e psicanálise. *Ágora: Estudos em Teoria Psicanalítica, 9*(1), 103-117.

Green, A. (1975). The analyst, symbolization and absence in the analytic *setting* (on changes in analytic practice and analytic experience). *International Journal of Psycho-Analysis, 56,* 1-22.

Green, A. (1984). Le langage dans la psychanalyse. In A. Green (ed.), *Langages: IIes Rencontres psychanalytiques d'Aix-em-Provence 1983* (pp. 19-250). Paris: Les Belles Lettres.

Green, A. (1995). *El lenguaje en psicoanálisis.* Buenos Aires: Amorrortu.

Green, A. (2000). *El tiempo fragmentado.* Buenos Aires: Amorrortu.

Green, A. (2001). Le temps éclaté. *Revue Française de Psychanalyse, 65,* 901-912.

Green, A. (2002). Tiempo y memoria. (H. Pons, trad.). *La diacronía en psicoanálisis.* Buenos Aires: Amorrortu. (Trabalho original publicado em 1990).

Green, A. (2003). *Key ideas for a contemporary psychoanalysis: Misrecognition and recognition of the unconscious.* Londres: Routledge.

Green, A. (2006). *Le travail du negatif.* Paris: Minuit. [Ed. bras.: *O trabalho do negativo.* Porto Alegre: Artes Médicas.]

Green, A. (2008). Freud's concept of temporality: Differences with current ideas. *International Journal of Psycho-Analysis, 89*, 1029-1039.

Green, A. (2012). On construction in Freud's work. *International Journal of Psycho-Analysis, 93*, 1238-1248.

Guignard, F. (1994). L'enfant dans le psychanalyste. *Revue française de psychanalyse, 58*(3), 649-660.

Guignard, F. (1996). *Au vif de l'infantile: Reflexions sur la situation analytique*. Lausanne: Delachaux e Niestlé.

Klein, M. (1975). *The collected writings of Melanie Klein*. Londres: Hogart.

Lacan, J. (1998). O tempo lógico e a asserção da certeza antecipada: Um novo sofisma. (V. Ribeiro, trad.). *Escritos* (pp. 197-213). Rio de Janeiro: Jorge Zahar. (Trabalho original publicado em 1945).

Laplanche, J. e Pontalis, J. B. (1988[1985]). *Fantasia originaria, fantasias das origens, origens da fantasia*. (Álvaro Cabral, trad.). Rio de Janeiro: Jorge Zahar.

Laplanche, J. (1988). Traumatismo, tradução, transferência e outros trans(es). (D. Vasconcellos, trad.). *Teoria da sedução generalizada e outros ensaios*. Porto Alegre: Artes Médicas.

Laplanche, J. (1992). *Novos fundamentos para a psicanálise*. (C. Berliner, trad.). São Paulo: Martins Fontes. (Trabalho original publicado em 1987).

Laplanche, J. (2007). *Sexual: la sexualité élargie au sens freudien*. Paris: PUF.

Marucco, N. (2013). O pensamento clínico contemporâneo: revisitando a técnica. *Revista Brasileira de Psicanálise, 47*(2), 67-72.

Mitchel, S. A. e Aron, L. (1999). Relational psychoanalysis: The emergence of a tradition. Londres: The Analytic.

Oz, A. (2007). *E a história começa: Ensaios sobre literatura*. São Paulo: Ediouro. (Trabalho original publicado em 1999).

Peirce, C. (1991). *Peirce on signs: Writings on semiotic*. Chapell Hill: University of North Carolina Press.

Perelberg, R. (2006). The controversial discussions and *après-coup*. *International Journal of Psycho-Analysis, 87*, 1199-1220.

Perelberg, R. (2007). Space and time in psychoanalytic listening. *International Journal of Psycho-Analysis, 88*(6), 1473-1490.

Pontalis, J.-B. (1979). La chambre des enfants. *Nouvelle Revue de Psychanalyse, 19*, 5-6.

Pujet, J. (2005). El trauma, los traumas y las temporalidades. *Psicoanaálisis, 27*(1-2), 293-310.

Roussillon, R. (1999). *Agonie, clivage et symbolisation*. Paris: PUF.

Roussillon, R. (2005). La "conversation" psychanalytique: Un divan en latence. *Revue Française de Psychanalyse, 69*(2), 365-381.

Roussillon, R. (2012a). *Logiques et archéologiques du cadre psychanalytique*. Paris: PUF. (Trabalho original publicado em 1995).

Roussillon, R. (2012b). *Manuel de la pratique clinique en psychologie et psychopathologie*. Paris: Elesvier Masson. [Ed. bras.: *Manual da prática clínica em psicologia e psicopatologia*. São Paulo: Blucher, 2019.]

Scarfone, D. (2014). L'impassé, actualité de l'inconscient. *Revue Française de Psychanalyse, 78*(5), 1357-1428.

Schafer, R. (1976). *A new language for psychoanalysis*. New Haven: Yale University Press.

Spence, D. P. (1982). *Narrative truth and historical truth: Meaning and interpretation in psychoanalysis.* Nova York: Norton & Company.

Tanis, B. (1995). *Memória e temporalidade: Sobre o infantil em psicanálise.* São Paulo: Casa do Psicólogo.

Tanis, B. (2011). Apontamentos em torno das temporalidades na clínica psicanalítica. *Jornal de Psicanálise, 44*(80), 115-126.

Tanis, B. (2013). Tempo e história na clínica psicanalítica. *Calibán, 11*(1),73-93.

Tanis, B. (2014). Permanências e mudanças no lugar do analista: desafios éticos. *Jornal de Psicanálise, 47*(86), 181-192.

Target, M. (1998). The recovered memories controversy. *International Journal of Psycho-Analysis, 79*, 1015-1028.

Viderman, S. (1990). *A construção do espaço analítico.* São Paulo: Escuta. (Trabalho original publicado em 1970).

Winnicott, D. W. (1965). The maturational processes and the facilitating environment: Studies in the theory of emotional development. *The International Psycho-Analytical Library, 64*, 1-276.

Winnicott, D. W. (1975). *O brincar e a realidade.* Rio de Janeiro: Imago. (Trabalho original publicado em 1971).

Winnicott, D. W. (2005). Transitional objects and transitional phenomena. In D. W. Winnicott, *Playing and reality.* Londres: Routlege. (Trabalho original publicado em 1971).

Referências

Os livros e artigos citados encontram-se aqui arrolados em duas partes. A primeira corresponde aos textos de Freud citados, a segunda aos demais autores. As citações correspondem a Sigmund Freud, *Obras Completas*, trad. de José L. Etcheverry. Buenos Aires, Amorrortu Editores (AE), 1986 (primeira edição 1982). Os títulos serão arrolados por ordem cronológica em português, adotando os nomes sugeridos pela Standard Brasileira.

1. Obras de Freud

1895 Projeto para uma psicologia científica: AE, I

1893-5 Estudos sobre a histeria: AE, II

1899 Lembranças encobridoras: AE, III

1900 A interpretação de sonhos: AE, IV e V

1905 Fragmentos da análise de um caso de histeria: AE, VII

1905 Três ensaios sobre a teoria sexual: AE, VII

1906 Delírios e sonhos na "Gradiva" de Iensen: AE, IX

1908 Sobre as teorias sexuais das crianças: AE, IX

1910 Leonardo da Vinci e uma lembrança da sua infância: AE, XI

1911 Formulações sobre os dois princípios do funcionamento mental: AE, XII

1912a A dinâmica da transferência: AE, XII

1912b Recordar, repetir, elaborar: AE, XII

1913 Totem e tabu: AE, XII

1914 Sobre o narcisismo: uma introdução: AE, XIV

1915a Os instintos e suas vicissitudes: AE, XIV

1915b O inconsciente: AE, XIV

1915c Luto e melancolia: AE, XIV

1915d La represión: AE, XIV

1917a Conferência XXIII: In Conferências introdutórias sobre psicanálise: AE, XVI

1917b História de uma neurose infantil: AE, XVII

1919a O "estranho": AE, XVII

1919b Pegan a un nino. AE, XVII

1920 Além do princípio do prazer: AE, XVII

1921 Psicologia de grupo e análise do ego: AE, XVII

1923 O ego e o Id: AE, XIX

1924 Uma nota sobre o bloco mágico: AE, XIX

1925 A negativa: AE XIX

1926 Inibições, sintomas e ansiedade: AE, XX

1933 A dissecção da personalidade psíquica: AE, XVIII

1937a Análise terminável e interminável: AE, XXIII

1937b Construções em análise: AE, XXIII

2. Outros autores

Abadi, M., Baranger, W. et al. (1978). Mesa redonda sobre o concepto de fantasia. *Rev. de Psicanálises*, 35, 305-370.

Assoun, P. L. (1983). *Introdução à epistemologia freudiana*. Rio de Janeiro: Imago Editora.

Assoun, P. L. (1991). *Introdução à epistemologia freudiana*. (H. Japiassu, trad.). Rio de Janeiro: Imago Editora.

Aulagnier, P. (1983). *Temps vécu, histoire parlée*. Topique.

Aulagnier, P. (1986). *El aprendiz de historiador y el maestrobrujo*. Buenos Aires: Amorrortu Editores.

Austin, J. L. (1990). *Quando dizer é fazer*. (D. Souza Filho, trad.). Porto Alegre: Artes Médicas.

Baranger, M., Baranger, W. e Mom, J. (1987). El trauma psíquico infantil, de nosotros a Freud. Trauma puro, retroactividad y reconstruccion. *Rev. de Psicanálises*, 54, 755.

Bénassy, M. e Diaktine, R. (1964). Symposium on Fantasy. *Int. Jour. Psycho-Anal.*, 45, 171-179.

Bergmann, M. (1990). What is Psychoanalysis? An examination of the assumptions and the language of Psychoanalysis. In Bergmann, M. e Hartman F. (Ed.). *The evolution of psychanalytic technique*. Nova York: Columbia University Press.

Birman, J. e Nicéas, C. A. (1982). Constituição do campo transferencial e o lugar da interpretação psicanalítica. In Birman, J. et al. *Transferência e interpretação*. Rio de Janeiro: Campus.

Bleichmar, H. (1984). *Angustia y fantasma*. Madrid: Adotraf.

Bleichmar, S. (1986). *En los orígenes del sujeto psíquico*. Buenos Aires: Amorrortu Editores.

Brenman, E. (1989). O valor da reconstrução em psicanálise de adultos. In: Klein, M. *Evoluções*. (E. R. Barros, org.). São Paulo: Escuta.

Calvino, I. (1990). *As cidades invisíveis*. (D. Mainardi, trad.). São Paulo: Companhia das Letras.

Dayan, M. (1985). *Inconscient et realité*. Paris: PUF.

Dayan, M. (1989). A relação de pertencimento regressivo. In Fédida, P. *Comunicação e representação*. (C. Berliner, trad.). São Paulo: Escuta.

Diatkine, R. e Simon, J. (1980). *A psicanálise precoce*. (M. A. Versiani, trad.). Rio de Janeiro: Zahar.

Dolto, F. (1984). A dinâmica das pulsões e as chamadas reações de ciúmes quando do nascimento de um irmão mais novo. In: Dolto, F. *No jogo do desejo*. Rio de Janeiro, Zahar.

Faimberg, H. e Corel, A. (1989). Repeticion y Sorpresa. *Rev. Psicoan.*, Argentina, 46, 717-32.

Fédida, P. (1988). *Clínica Psicanalítica*. (C. Berliner, M. Silva e R. Steffen, trad.). São Paulo: Escuta.

Fédida , P. (1988) Amor e morte na transferência. In Fédida, P. *A clínica psicanalítica: estudos* (pp. 21-67). São Paulo: Escuta.

Fédida, P. (1992). *Nome, figura e memória*. (C. Berliner e M. Gambini, trad.). São Paulo: Escuta.

Ferenczi, S. (1909). *Transferência e introjeção. Escritos Psicanalíticos (1909-1933)*. (J. Birman, org.). Rio de Janeiro: Taurus Editora.

Ferenczi, S. (1913). *O desenvolvimento do sentido de realidade e seus estádios*. (J. Birman, org.). Rio de Janeiro: Taurus Editora.

Ferenczi, S. (1933). *Confusão de língua entre os adultos e as crianças*. (J. Birman, org.). Rio de Janeiro: Taurus Editora.

Garcia, C. (1988). História e Psicanálise. In: Birman, J. (Coord.). *Percursos na história da Psicanálise*. Rio de Janeiro: Taurus Editora.

Garcia dos Santos, L. (1989). *Tempo de ensaio*. São Paulo: Companhia das Letras.

Garcia-Roza, L. A. (1983). *Freud e o inconsciente*. Rio Janeiro: Zahar.

Green, A. (1988). O analista, a simbolização e a ausência no contexto analítico. In Green, A. *Sobre a loucura pessoal*. (C. A. Pavanelli, trad.). Rio de Janeiro: Imago Editora.

Green, A. (1990). O tempo e a memória. *Nouvelle Revue de Psychanalyse*, 179-205.

Hermann, F. e Alves Lima, A. (1982). O pensamento kleiniano: uma introdução crítica. In Klein, M. *Psicologia*. São Paulo: Ática.

Hornstein, L. (s.d.). *Recordar, repetir y reelaborar. Uma lectura*. (Cópia sem referência bibliográfica).

Isaacs, S. (1982). A natureza e a função da fantasia. In Riviere, J., Klein, M. e Heimann, P. *Os progressos da Psicanálise*. (A. Cabral, trad.). Rio de Janeiro: Imago.

Klein, M. (1964). *Contribuciones al Psicanálisis*. (B. Friedenthal, trad.). Buenos Aires: Ediciones Hormé.

Klein, M. (1985 [1952]). Algumas conclusões teóricas sobre a vida emocional do bebe. In Klein, M. *Obras completas*, vol. III, *Inveja e gratidão e outros trabalhos* (p. 86). Rio de Janeiro: Imago.

Kohut, H. (1964). Symposium on Fantasy. *Int. Jour. Psycho-Anal.*, 45, 201.

Lacan, J. (1984). El estadio del espejo como formador del yo[je] tal como se nos revela en la experiencia psicanalítica (1949). In Lacan, J. *Escritos*. México: Siglo XXI.

Laplanche, J. (1973). *Vida y muerte en psicoanálisis*. (M. Horne, trad.). Buenos Aires: Amorrotu Editores.

Laplanche, J. (1980). *La sexualidad*. (H. Acevedo, trad.). Buenos Aires: Ediciones Nueva Visión.

Laplanche, J. (1981). Hay que quemar Melanie Klein? *Trabajo del Psicanálisis*, I, 252.

Laplanche, J. (1987). *Novos fundamentos para a Psicanálise*. Lisboa: Edições 70.

Laplanche, J. (1988a). Traumatismo, tradução, transferência, e outros trans(es). In Laplanche, J. *Teoria da sedução generalizada e outros ensaios*. Porto Alegre: Artes Médicas.

Laplanche, J. (1988b). Da teoria da sedução restrita à teoria da sedução generalizada. Laplanche, J. *Teoria da sedução generalizada e outros ensaios*. Porto Alegre: Artes Médicas.

Laplanche, J. (1990). *La cubeta. Trascendencia de la transferencia. Problemáticas V*. Buenos Aires: Amorrortu editores.

Laplanche, J. e Pontalis, J. B. (1977). *Vocabulário da Psicanálise*. (P. Tamen, trad.) Lisboa: Morães Editores.

Lebovici, S. (1987). *O bebê, a mãe e o psicanalista*. (F. Vidal, trad.). Porto Alegre: Artes Médicas.

Le Guen, C. (1984). *La práctica del Método Psicanalítico*. (S. Abreu, trad.). Barcelona: Gedisa.

Lévi-Strauss, C. (1975). *Antropologia estrutural*. Rio de Janeiro: Tempo Brasileiro.

Loraux, N. (1992). Elogio do anacronismo. In Novais, A. (Org.). *Tempo e História*. São Paulo: Companhia das Letras.

Malcolm, R. R. (1989). Interpretação: o passado no presente. In: Klein, M. *Evoluções*. (E. Rocha Barros, org.). São Paulo: Escuta.

Masson, J. M. (1986). *A correspondência completa de Sigmund Freud para Wilhelm Fliess 1887-1904*. Rio de Janeiro: Imago Editora.

Mezan, R. (1982). *Freud: a trama dos conceitos*. São Paulo: Perspectiva.

Mezan, R. (1988). Problemas de uma História da Psicanálise. In Birman, J. (Coord.). *Percursos na história da Psicanálise*. Rio de Janeiro: Taurus Editora.

Mezan, R. (1989). Metapsicologia! Fantasia. In Birman, J. (Org.). *Freud 50 anos depois*. Rio de Janeiro: Relume Dumará.

Mezan, R. (1991). Trois conceptions de l'originaire. *Etudes Freudiennes*, 32.

Pasche, F. (1988). *Le Passé recomposé: Pensées, mythes, praxis* (pp. 169-184). Paris Cedex 14, France: Presses Universitaires de France.

Peterfreund, E. (1978). Some critical comments on psychoanalytic conceptualizations of infancy. *The International Journal of Psychoanalysis*, 59(4).

Pontalis, J. B. (1978). *Entre el sueño y el dolor*. (C. Aira, trad.). Buenos Aires: Editorial Sudamericana.

Pontalis, J. B. (1991). *Perder de vista*. (V. Ribeiro, trad.). Rio de Janeiro: Zahar.

Rosolato, G. (1969). *Ensayos sobre lo simbólico*. (T. F. R. Garcia, trad.). Barcelona: Anagrama.

Sandler, J. (1989). *O inconsciente passado, o inconsciente presente. Em busca de uma teoria da técnica analítica.* Texto mimeografado. São Paulo.

Segal, H. (1975). *Introdução à obra de Melanie Klein.* (J. C. Guimarães, trad.). Rio de Janeiro: Imago Editora.

Segal, H. (1989). O reflexo do desenvolvimento infantil inicial no processo analítico: passos na integração. In Klein, M. *Evoluções*. (E. R. Barros, org.). São Paulo: Escuta.

Schafer, R. (1975). Psychoanalysis without psychodynamics. *Int. Jour. Psycho-Anal.*, 56, 41.

Schneider, M. (1991a). *Metáforas geológicas e figurações do psiquismo*. Versão divulgada pelo Departamento de Psicanálise do Instituto Sedes Sapientiae.

Schneider, M. (1991b). *O tempo do conto e o não tempo do inconsciente*. Versão divulgada pelo Departamento de Psicanálise do Instituto Sedes Sapientiae.

Spillius, E. (1983). Some developments from the work of Melanie Klein. *Int. Jour. Psycho-Anal.*, 64, 321.

Veyne, P. (1982). *Como se escreve a história*. (A. Baltar A. e M. A. Kneipp, trad.). Brasília: Editora Universidade de Brasília.

Viderman, S. (1990). *A construção do espaço analítico*. (S. J. Almeida, trad.). São Paulo: Escuta.

Winnicott, D. W. (1975). *O brincar e a realidade*. (J. Abreu e V. Nobre, trad.). Rio de Janeiro: Imago Editora.

Sobre o autor

Bernardo Tanis – É psicanalista, doutor pelo Núcleo de Psicanálise da Pontifícia Universidade Católica de São Paulo (PUC-SP). Ex-presidente da Sociedade Brasileira de Psicanálise de São Paulo (SBPSP) (2017-2020), da qual é Membro efetivo e docente. Membro efetivo e docente do Instituto Durval Marcondes. Editor da *Revista Brasileira de Psicanálise* (2010-2014). Diretor de Comunidade e Cultura da Federação Psicanalítica da América Latina (FEPAL) (2008-2009). Foi docente e coordenador do Curso de Especialização Psicanálise com Crianças do Instituto Sedes Sapientiae e docente do Curso de Especialização em Teoria Psicanalítica do COGEAE-PUC-SP. Autor de *Memória e temporalidade: sobre o infantil em Psicanálise*; *Circuitos da Solidão: entre a clínica e cultura e organizador*, com Magda Khouri, de *Psicanálise nas tramas da Cidade* (Ed. Casa do Psicólogo) e, com Eliana Rache, de *Roussillon na América Latina* (Ed. Blucher).